中国社会救助财政支持研究

Research on Chinese Social Assistance Fiscal Support

任海霞 著

中国财经出版传媒集团

图书在版编目（CIP）数据

中国社会救助财政支持研究/任海霞著．—北京：经济科学出版社，2018.7

ISBN 978-7-5141-9609-2

Ⅰ．①中…　Ⅱ．①任…　Ⅲ．①社会救济-财政政策-研究-中国　Ⅳ．①D632.1②F812.0

中国版本图书馆 CIP 数据核字（2018）第 178671 号

责任编辑：庞丽佳
责任校对：杨　海
责任印制：邱　天

中国社会救助财政支持研究
任海霞　著
经济科学出版社出版、发行　新华书店经销
社址：北京市海淀区阜成路甲 28 号　邮编：100142
总编部电话：010-88191217　发行部电话：010-88191522
网址：www.esp.com.cn
电子邮件：esp@esp.com.cn
天猫网店：经济科学出版社旗舰店
网址：http://jjkxcbs.tmall.com
固安华明印业有限公司印装
710×1000　16 开　10.5 印张　210000 字
2018 年 9 月第 1 版　2018 年 9 月第 1 次印刷
ISBN 978-7-5141-9609-2　定价：39.00 元
（图书出现印装问题，本社负责调换。电话：010-88191510）

前　言

社会救助是由政府和社会承担责任，为生活陷入困境的居民提供最基本的、最低的生存保障，强调国民接受救助的权利和国家提供救助的义务，是世界各国最具普遍性的制度安排。社会救助是一个国家社会保障体系的根基。经过各国多年实践发展，社会救助已经实现了从最原始、最基本的“保证国民生存、稳定社会”的功能到“保证国民生存、提升穷人能力、缓解代际贫困、缩小收入差距”的多重功能的转变。在中国，社会救助从新中国成立后的救灾救济到现在的新型社会救助体系的转变过程中，救助人数逐步增加、救助标准逐步提高、救助项目逐步扩大，实现了“应救尽救”的目标。

社会救助的国家主体责任决定了社会救助发展中财政支持的必然性。在具有促进社会公平正义职能的现代财政中，其实已经包括了社会救助，是收入再分配的手段之一。社会救助的财政支持是“以人的发展为中心”的根本体现。中国社会救助的历史发展离不开财政支持，不同的历史阶段财政支持的规模、内容、重点和方式不同。进入21世纪后，新型社会救助体系的建立依然离不开财政支持。但是作为目前中国重点支出项目的社会救助，仍然是全面建成小康社会的短板。为了适应“发展型社会救助”的改革，财政支持也应与此相适应。在优化现有财政体制的前提下，只有将财政支持规模、财政支持方式、财政支持结构、财政支持的管理机制等都进行完善，才能更好地促使社会救助发挥“兜底”的作用，使其在实现“2020年全面建成小康社会”目标中发挥基础作用。

在当前中国社会救助的优化发展时期，基于发展型社会救助的发展目标，财政应该做些什么？财政支持如何有利于社会救助改革？研究社会救助的财政支持成为一项有意义的课题。对中国社会救助的财政支持进行研究，有如下理论意义：探索社会救助与财政的良性互动关系、细化和充实公共财政支出理论、丰富现有社会救助的发展研究成果。从实践上看，有利于建立公平可持续的社会救助制度、有利于基本公共服务均等化目标的实现、有利于深化公共财政体制改革。

本书的结构安排如下：首先，对社会救助财政支持进行基本的理论分析，这是本书的研究理论基础。从贫困理论、公共产品理论、政府职能理论、基本公共服务均等化理论这四个依次递进的角度分析社会救助财政支持的必要性。正是由于社会救助的反贫困功能是一种公共产品，所以是政府的职能，通过社会救助可以实现基本公共服务均等化的目标。其次，对中国社会救助财政支持的沿革和其他国家社会救助财政支持进行比较分析。从历史的角度对于中国社会救助财政支持的发展规律进行总结，从现实的角度对目前社会救助财政支持的现状、存在的问题及原因进行研究。在对国内社会救助财政支持的历史和现状研究之后，借鉴国外发达国家和发展中国家社会救助财政支持的经验。最后是中国社会救助财政支持的总体设计。在历史、现实、国际借鉴的基础上，未来中国社会救助的财政支持应该在适应发展型社会救助改革的总目标和原则指导下，从优化体制和完善机制两个方面进行改进。

具体内容包括：

第一章，导论。介绍本书选题的背景和研究意义，说明本书的研究思路和研究框架，以及研究方法、创新与不足等。

第二章，文献综述。本章对国内外文献分别从社会救助与财政支持的关系、社会救助的经济效应及社会救助的改革发展方向三部分进行梳理综述。在进行梳理的基础上，找出已有文献的贡献，发现其中的不足，成为本书研究的内容。

第三章，社会救助财政支持的理论基础。主要包括：贫困理论、公共产品理论、政府职能理论、基本公共服务均等化理论，并应用这些理论对于社会救助财政支持进行分析，指出社会救助财政支持的必要性。

第四章，中国社会救助财政支持的沿革。主要包括四个部分：首先从历史的角度对于社会救助的财政支持进行整理，发现了不同的历史阶段社会救助财政支持的规模、结构、方式、效应都不同，社会救助的发展与财政支持密切相关。其次是分析中国社会救助财政支持的现状，主要是从社会救助财政支持的规模、方式、分级负担机制和预算四个方面进行分析。再次是分析目前社会救助财政支持中存在的问题，包括：规模小、结构差、效益低。最后进行了原因剖析，包括：中央和地方社会救助支出责任划分不明确、各级政府社会救助财政投入负担比例不合理、社会救助财政转移支付不规范、社会救助资金来源渠道单一和社会救助财政支持的监督制约机制不健全。

第五章，社会救助财政支持的国际借鉴。主要对发达国家和发展中国家社会救助进行介绍，发达国家社会救助财政支持的经验更多的是基于减少财政负担而对社会救助财政支持进行的改革。而发展中国家的经验更多的是基于财力有限的条件下社会救助财政支持的改革，这些财政支持的经验可供中国借鉴。发达国家和发展中国家财政支持改革的共同点就是使得社会救助与财政能力相适应。

第六章，中国社会救助财政支持的目标和原则。本章是第七章和第八章的指导。首先提出了适应发展型社会救助的财政支持目标，要达到财政支持社会救助和社会救助有效管理减轻财政负担的“双赢”目标。提出了2020年社会救助财政支持的目标和重点，并使用AR模型对2020年社会救助财政支持的规模进行预测，这将指导中国社会救助财政支持的发展方向。其次是中国社会救助财政支持应该坚持的原则，主要包括：“救助优先、动态调整”“财政新常态、支持新方法”“精准支持、精准救助”三大原则。

第七章，优化中国社会救助财政支持的体制研究。主要是从各级政府社会救助事权和支出责任的划分、规范政府间社会救助财政转移支付两方面进行论述。

第八章，完善中国社会救助财政支持的机制研究。包括五部分内容：第一是从财政支持的规模分析，提出了财政支持规模与人均可支配收入、财政支出同步增长机制，并通过 VAR 模型验证了社会救助财政投入与人均可支配收入的关系。第二是财政支持结构精准化，包括区域精准、项目精准、群体精准。第三是财政支持方式多样化，包括建立财政激励措施和政府购买社会救助服务。第四是财政支持管理科学化，包括建立科学的社会救助财政预算、完善社会救助财政支持的绩效评价体系、加强社会救助资金的财政监督。第五是财政支持的其他配套改革，包括社会救助范围的合理界定、加大对社会组织参与社会救助的财税支持、推动社会救助与扶贫开发的衔接。

本书的创新之处包括：第一，站在财政的角度研究社会救助，可以把社会救助与财政支持相结合，摆脱社会救助和财政“各自为政”的研究现状，两者的结合可以相得益彰、形成合力，找到最佳结合点，实现“共赢”的效果——财政支持更精准、社会救助更有效。从财政支持的角度来研究社会救助的发展演变，提炼出社会救助优化与财政支持之间的关系及目标实现路径。第二，在研究方法上，本书首先收集了新中国成立以来社会救助财政支持的数据，并与同期的财政支出、GDP 等进行了对比研究。其次，利用因子分析法对于中国 31 个省区市的社会救助财政支持规模进行对比分析。再次通过 AR 模型预测了 2020 年中国社会救助财政投入规模。最后采用了 VAR 模型对社会救助财政支持的影响因素进行实证研究，验证了人均可支配收入与社会救助财政投入的关系。第三，在政策建议上，本书认为财政支持应该与社会救助改革相适应。提出适应“发展型社会救助”的要求，分阶段分目标地进行财政支持改革。在 2020 年“全面建成小康社会”的近期目标下，对社会救助的财政支持提出了新要求——精准化。社会救助财政支持的精准化要求优化现有的财政体制，同时也有利于财政支持机制的完善。

目　录

第一章

导　论

第一节　选题背景与研究意义

一、选题背景

在世界各国，社会救助都是以政府为主体、国家财政投入为主的一种公共政策。作为现代国家的一项基本福利制度，社会救助制度能够保障低收入阶层基本生存，同时能缓和收入分配差距和社会矛盾，已经成为社会文明进步的标志之一，是各国政府义不容辞的责任。

20 世纪 90 年代以来，世界各国的社会救助都在进行改革，大致分为两种路径：其一，英美发达国家对于被救助者自食其力能力的培养，通过工作救助等方式使其最终摆脱贫困，这种改革可以减轻国家财政压力；其二，发展中国家基于经济实力增强而不断扩大救助对象、提高救助标准和范围，社会救助的财政支持力度不断增加，但同时对财政支持的方式有所创新。中国目前在民生财政的理念下，对于社会救助的财政支持力度不断加大，但同时我们也要积极借鉴国外的经验，在财政可承受的范围内支持社会救助。所以，国外的社会救助改革对于中国社会救助的发展有着重要的借鉴意义。

在中国，社会救助在兜底保障基本民生、促进低收入群体消费需求、平衡收入分配差距、避免冲击社会道德和心理底线事件发生等方面的作用日益突出，是社会保障体系中最基础的部分。新中国成立后，社会救助由早期的临时性紧急生活救助、城乡二元的定期定量救助，再到改革开放以后以城乡低保为核心的、不断完善的社会救助体系，直到 2014 年 5 月《社会救助暂行办法》的颁布，标志着中国新型社会救助体系基本形成。新型社会救助体系，提升了社会救助的政治地位，改变了中国社会救助的理念，实现了救助权利的维护，凸显了政府在维护公民基本生活方面的责任。针对困难家庭提供社会救助是中国减贫成功的关键，尤其是对贫困家庭的最低生活保障制度提供的现金支持是全世界规模最大的现金支持计划。正如郑功成 (2015)[①] 指出：社会救助肩负的是筑牢社会政策底线、免除人民生存危机的重大职责，体现的是各级政府的法定责任和整个社会的道德良心，是最需要健全的社会保障制度。

其实，社会救助归根结底是一个财政问题，财政支持规模、结构、方式都决定着社会救助的发展方向和发展程度，同样，社会救助的改革也需要财政支持。处理好社会救助发展中的财政支持问题是世界发达国家至今仍在努力探索的跨世纪课题。2013 年《中共中央关于全面深化改革若干问题的决定》中针对中国社会保障可持续发展问题，提出“健全社会保障财政投入制度，进一步明确各级政府所承担的社会保障责任，增加财政对社会保障的投入”。近些年来，中国不断加大对社会救助的财政投入，社会救助支出总量不断增加，救助项目不断丰富、各项救助的保障水平也不断提高。在当前实行的积极财政政策中，社会救助作为重要的基础民生支出项目，是国家保障的重点支出项目。但是，由于现阶段中国各省市经济发展的不均衡以及社会救助立法缺位、社会救助财政负担责任不明确、资金来源单一等情况的存

① http：//society. people. com. cn/n/2015/1207/c1008 –27897870. html.

在，不可避免地造成了社会救助财政支持存在的不合理现象，如规模小、结构不合理、效益低等。

当前，国际上社会救助改革趋势对于社会救助的财政支持提出了新要求。发展型社会救助模式强调人力资本与劳动力市场相结合，强调政府应通过社会投资提升个人竞争力进而提升国家竞争力，积极地预防贫困，而不是被动地应对贫困。发展型社会救助的改革也对中国社会救助的财政支持提出新要求，改变目前的财政支持的规模和结构，财政支持的重点是发展型社会救助项目，例如对贫困人口进行康复训练、劳动技能培训、就业指导等，鼓励其积极参与市场劳动，减少依赖，主动脱贫。

同时，中国经济发展新常态对社会救助的财政支持提出了新要求。新常态下中国的财政收入增速下降，如何确保社会救助的财政支持是必须面临的问题。国家领导人在此经济环境下多次强调了加强社会救助的必要性——保障和改善民生、维护社会稳定。财政收入增长的减缓和社会救助需求的增加这一矛盾对于财政支持的要求更高。如何用相同的财政投入而实现更好的救助效果，取决于财政投入的结构和方向与社会救助改革的适应性。财政支持与社会救助改革相适应，实现精准救助，才能用好财政的钱。同样，社会救助的改革也对财政有着积极的作用，发展型社会救助使得贫困人口真正脱贫也可以减轻财政负担。因此，社会救助财政支持必须主动适应国际社会救助改革的新趋势和中国经济社会发展的新常态，不断提高财政支持的针对性、精准性和时效性，更好地发挥财政对于社会救助的支持、引导和促进作用，实现发展型社会救助的目标。

二、研究意义

（一）理论意义

1. 探索社会救助与财政的良性互动关系

社会救助在成为公民一项基本权利后就与国家财政有着密不可分的关

系。社会救助发展的不同阶段，都与财政支持规模的增加、投入方式的改变有关。本书从新中国成立后社会救助的不同阶段的发展研究中找出财政支持的变化，分析出社会救助与财政支持的客观规律，以期更好地发挥两者的相互促进作用。现阶段的发展型社会救助改革对于财政提出了新要求，如何更好地发挥财政对于社会救助的支持和促进功能的实现，在财政投入规模有限的条件下如何发挥更大的救助效果是值得研究的内容。

2. 细化和充实公共财政支出理论

社会救助的财政支持其实就是公共财政支出的一部分。研究社会救助的财政支持就是对于财政支出理论的细化研究，通过具体到各个救助项目的财政支持的分析可以更加深入的理解公共财政支出理论，掌握公共财政支出的发展规律。

3. 丰富现有社会救助的发展研究成果

目前关于社会救助的研究多是从社会学或公共管理学的角度研究该制度的运行和发展及存在的问题，从财政角度研究社会救助的较少，两者较为独立，把两者结合起来研究的较少。从财政支持的角度来分析中国的社会救助是对中国社会救助领域研究的充实和丰富。社会救助的项目增加、水平提高、规范管理，这都要求财政支持的不断增加。对于社会救助发展中财政支持的研究也是社会救助研究的重要内容。另外，在已有研究中，很多是把社会保障整体与财政联系在一起的，而较少把社会救助单独列出研究其与财政的关系。社会救助在社会保障中的基础地位决定了财政支持的必要性，对社会救助财政支持的研究也是社会救助理论研究的重要内容。

（二）现实意义

1. 有利于建立公平、可持续的社会救助制度

现代社会救助制度中，国家财政支持程度的高低将决定社会救助模式的发展方向。政府社会救助财政支持责任到位与否，将决定社会救助改革的进程。通过本书的研究，有利于明晰政府在不同发展阶段社会救助财政支持的内容和重点的不同，为社会救助改革提供思路，实现“公平、可持续”的社会救助，更好地发挥社会救助的作用，体现“以人民为发展中心”的指导思想，实现“共享发展”和“小康社会”。

2. 有利于基本公共服务均等化目标的实现

社会救助的均等化是基本公共服务均等化的基础内容，而这一目标的实现需要财政支持。财政支持的规模、结构与社会救助的发展改革的匹配有助于该目标的顺利实现。

3. 有利于深化公共财政体制改革

对于社会救助财政支持的研究，将涉及公共财政体制、社会救助事权和支出责任划分问题。而研究社会救助财政支持与公共财政支出结构的调整有较强关联性，这对政府财政体制改革有着重要意义。

三、概念界定

（一）社会救助

1. 社会救助

社会救助在国际上没有公认、一致的定义。发达国家对于社会救助的概念不统一，但是都强调了公民拥有获得救助的权利和接受救助必须符合的条件——收入低于一定标准。例如，英国《贝弗里奇报告》认为：社会中收入低于一定标准的公民有权从国家得到救助以达到最低标准。20 世纪初，英国首次采纳了“公共救助”（Public Assistance）这个术语①。爱德利（Eardley，1996）② 通过对经济合作与发展组织（OECD）24 个国家的实践，将社会救助定义概括为：通过对于收入不足的申请人进行拥有资源的评估，评估后低于一定标准则给予其最低的收入保障，一般采取现金转移支付的形式。这种形式的给付通常被称为“社会救助”。OECD（1998）认为：社会救助是对处于低收入的个人或家庭提供一定的援助，包括现金或实物，接受救助的家

① 在英国，社会救助和公共救助同义。

② Eardley, T et al. Social Assistance in OECD Countries [M]. London: HMSO, 1996: 11.

庭必须接受家庭财产的调查。

在发展中国家，社会救助的概念更加丰富一些。在救助项目上，社会救助除了有家计调查后的低收入群体的补助外，也包括不需要家计调查的补贴。亚洲开发银行（2001）指出：社会救助是指由国家财政提供资金，既包括通过家庭的收入调查核实后的现金或实物援助，也包括某些不需要进行家计调查的计划和各种补贴，如住房、教育和健康等福利补贴。另外，社会救助还包括由私营部门、慈善团体、宗教机构和非政府组织等提供的其他形式的服务和救济。梅莎－拉格（Mesa-lago，C.，2001）、苏巴拉奥（Subbarao，K.）、巴罗吉亚（Bonnerjee，A.）、珍妮（Jeanine，B.）、卡瓦略（Carvalho，S.）、阿则梅内（Ezemenari，K.）、格雷厄姆和汤普森（Graham，C. & Thompson，A.）于1997年对发展中国家社会救助的研究指出，社会救助定义的外延也比较宽泛。这是源于发展中国家在社会保险体系尚未健全的情况下，为了稳定社会秩序而重视社会救助的重视，使得社会救助实施的范围较为广泛。所以，对比发达国家和发展中国家的社会救助内涵可以看出，在救助对象、救助方式、救助主体、救助资金来源、救助条件等方面存在差异。如表1－1所示。

表1－1　发达国家与发展中国家社会救助内涵的对比表

项目	发达国家	发展中国家
救助对象	相对贫困的个人和家庭	绝对贫困的最弱势群体
救助方式	现金、服务	实物、现金、服务
救助主体	政府、社会组织	政府、社会组织
救助资金来源	税收、社会捐赠	税收、社会捐赠
救助条件	家计调查	非家计调查、家计调查

资料来源：笔者整理得出。

在中国，对于社会救助的界定较为统一，都强调了社会救助的三大核心——公民有权获得社会救助、接受家计调查和最低救助水平。但是对于救助项目的界定则有着不断增加的趋势。同时，中国对于社会救助主体也都从政府和其他社会组织来定义。2004年《中国社会保障状况和政策》里正式使用“社会救助”[1] 一词。郑功成（2000）[2] 指出：社会救助是指国家与社会面向由贫困人口与不幸者组成的社会脆弱群体提供款物接济和扶助的一种生活保障政策。它通常被视为政府的当然责任或义务，目的是帮助社会脆弱群体摆脱生存危机，进而维护社会秩序的稳定。林闽钢（2006）[3] 认为中国社会救助包括四部分，包括：基本生活救助、各项专项救助、临时救助、补充社会救助。胡务（2010）[4] 认为，社会救助是通过各种救助手段来保障弱势群体的基本生活以及解决他们生活中遇到的特殊困难而建立的各项救助制度的总和，主要项目包括生活救助、住房救助、医疗救助、教育救助、生产救助、法律援助、就业援助和意外救助等。刘振杰（2014）[5] 认为：社会救助是指国家和社会对那些因各种变故而造成日常物质生活、精神生活等方面陷入困境的脆弱群体所采取的帮扶措施。

社会救助的内涵不同，其内容也会不同。但是都包括：生活救助、医疗救助、住房救助、教育救助、灾害救助、就业救助等内容。其中，生活救助是核心内容，其他救助项目为补充和发展内容。中国目前包括城乡低保、医疗救助、教育救助、住房救助、临时救助、就业救助、灾害救助八项内容，具体内容见本书的第四章。

在本书中，社会救助是指由政府依照法定程序和标准，向因各种原因陷入生存困境的社会成员无偿提供救助和支持，以维系其最低生活所需的物资、精神和服务，保障每一个社会成员基本生存权的实现，并维持社会秩序稳定的制度。社会救助是社会保障体系中的最低层次，在社会保障中起“兜底”作用。本书中对于社会救助财政投入规模的计算中去掉了自然灾害救助的内容，因为自然灾害的偶发性会影响财政投入发展的规律。但是在介绍社会救助的内容范畴时包括自然灾害救助。

---

① 在本书中，社会救济和社会救助同义，不作严格的区分。中国早期称为“社会救济”，20世纪90年代后称为“社会救助”。

② 郑功成．社会保障学［M］．北京：商务印书馆，2000：13－14.

③ 林闽钢．中国社会救助制度的整台［J］．学海，2011（4）：55.

④ 胡务．社会救助概论［M］．北京：北京大学出版社，2010：23.

⑤ 刘振杰．走向发展型社会救助的新福利时代［J］．行政管理改革，2014（1）：55.

2. 发展型社会救助

从20世纪90年代中期开始，由国际劳工组织和世界银行等国际组织倡导的为了应对发展中国家持久性贫困而产生的新型救助模式——发展型社会救助开始取代传统的被动型、生存型社会救助模式。这种新型救助模式强调人力资本与劳动力市场相结合，强调政府应通过社会投资提升个人竞争力进而提升国家竞争力，积极地预防贫困，而不是被动地应对贫困。发展型救助让受助者明白，社会救助不是目的，而是手段。通过加大对其进行康复训练、劳动技能培训、就业指导等投入，鼓励其积极地参与市场劳动，减少依赖，主动脱贫。发展型社会救助就是政府对提出救助申请的不同救助对象进行有效识别后，由专业的社会工作者进行的综合和专项救助相结合的积极救助，不同救助对象的救助标准有所不同，进行动态调整，由不同的管理部门协调配合进行管理。如表1－2所示。

表1－2　　发展型社会救助概念解析表

	发展型社会救助体系
性质	积极的救助
责任主体	政府
救助对象	不同制度有所不同，对救助对象进行有效识别
救助水平	有相应标准，动态调整
资金来源	中央和地方的财政预算拨款、社会捐赠
救助程序	个人申请，接受监督
救助期限	长期救助和临时救助相结合
救助内容	综合救助和专项救助相结合
工作人员	专业的社会工作者
办理单位	政府为主，社会力量参与
组织管理	管理规范，不同管理部门权责明确、协调配合

资料来源：张翼．中国新型社会救助体系的内涵与发展方向研究——基于社会救助制度历史发展的视角［J］．长白学刊，2014（3）：117.

3. 社会救助与扶贫开发

中国的反贫困措施主要包括两大类：一类是在各级民政部门主导下进行

的一般意义上的社会救助（最低生活保障制度，即俗称的“小扶贫”），另一类是在政府各级扶贫办公室主导下的对农村的大规模开发扶贫（即俗称的“大扶贫”）。中国扶贫开发的重点是农村。扶贫开发是指由国家和社会组织通过政策、资金、技术等多种形式对贫困地区或农民的帮扶，目的是使其能够自食其力摆脱贫困。它与社会救助相比，主要是面向区域而不是直接面向贫困家庭与个人，目的仍然是使得贫困人口脱贫。可以总结为：“基本生活靠最低保障，脱贫致富靠扶贫开发。”因为同样需要运用政府的公共权力与公共资源，从而可以纳入到现代社会救助体系中来。由于当前社会救助的内容逐步丰富，其与扶贫开发的内涵越来越接近。

（二）财政支持

社会救助的财政支持主要包括以下四个方面：政府通过预算安排的社会救助资金，让税、让利等优惠政策，财政分级负担和转移支付。

第二节 逻辑安排与框架结构

一、逻辑安排

全书的逻辑关系如下。

首先，对社会救助财政支持的基础理论进行阐述，这些理论指导着本书后面的分析论述。其次，在社会救助财政支持的理论研究的基础上，通过中国社会救助财政支持的沿革分别从历史、现实的角度分析了社会救助财政支持的发展演变、现状、问题及原因。再次，从国际比较的角度分析了发达国家和发展中国家社会救助财政支持的经验。最后，对中国社会救助财政支持进行了总体设计，在分析了中国社会救助财政支持的目标和原则的基础上，通过优化体制和完善机制来进行社会救助财政支持的研究（见图1-1）。

二、框架结构

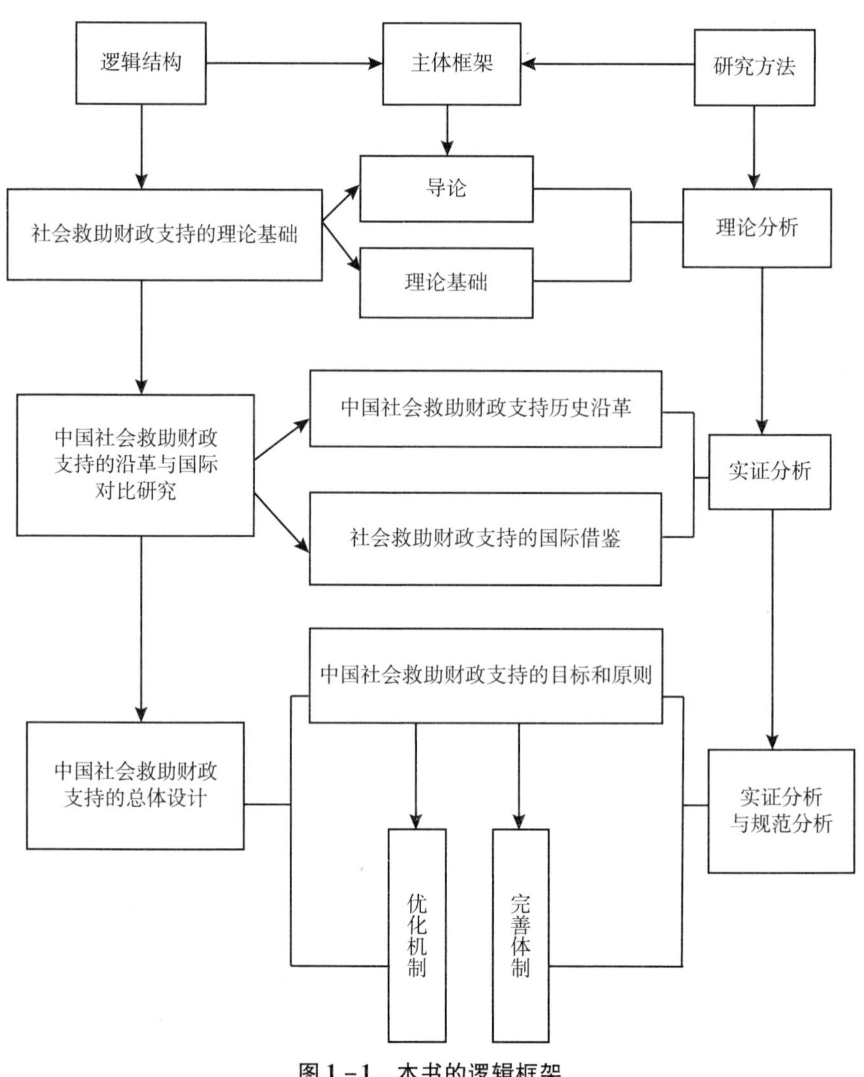

图 1－1　本书的逻辑框架

本书的具体内容包括：

第一章，导论。介绍本书选题的背景和研究意义，回顾国内外关于社会救助和财政支持的相关理论及观点，说明本书的研究思路以及研究框架、研究方法、创新与不足等。

第二章，文献综述。本章在对国内外文献进行梳理的基础上，找出已有文献的贡献，发现现有文献的不足并成为本书研究的内容。

第三章，社会救助财政支持的理论基础。这四个依次递进的理论主要包括：贫困理论、公共产品理论、政府职能理论、基本公共服务均等化理论，并应用这些理论对于社会救助财政支持进行分析。

第四章，中国社会救助财政支持的沿革。主要包括四个部分：首先从历史发展的角度对于社会救助的财政支持进行整理；其次是分析中国社会救助财政支持的现状；再次是目前社会救助财政支持中存在的问题；最后对存在的问题进行了原因剖析。

第五章，社会救助财政支持的国际借鉴。本章分别介绍了发达国家和发展中国家社会救助财政支持的做法，并找出可供借鉴的经验。

第六章，中国社会救助财政支持的目标和原则。首先提出发展型社会救助的理念，在此理念下提出适应发展型社会救助财政支持的目标和原则，这将指导中国社会救助财政支持的发展方向，直接决定第七章和第八章的内容。

第七章，优化中国社会救助财政支持的体制研究。该章内容是从财政体制上为中国社会救助财政支持提供保障。

第八章，完善中国社会救助财政支持的机制研究。该章从社会救助财政支持的规模、结构、方式、管理及其他配套改革为中国社会救助财政支持提供保障。

第三节　研究方法、创新、难点与不足

一、研究方法

（一）定量分析与定性分析相结合

本书对社会救助财政支持的规模分析中，运用定量分析方法，大量地引

证相关数据和图表进行论证，同时采用因子分析法、VAR 模型、AR 模型等方法分析社会救助财政支持的特征、影响因素及 2020 年投入规模的预测；在对中国社会救助财政支持的体制和机制优化建议时进行了定性分析。

（二）比较分析法

本书在分析中国社会救助财政支持的规模、结构、效益时采用了比较分析方法。既有中国不同发展阶段的纵向对比，也有同一时期不同地区、不同项目、不同对象的财政支持对比分析，还有不同国家的社会救助财政支持的对比。通过比较分析，比较全面地反映出中国政府社会救助财政支持的发展变化规律。

（三）理论分析与实践分析相结合

本书运用贫困理论、公共产品理论、政府职能理论、基本公共服务均等化理论分析了财政支持社会救助的合理性和必要性。这四个基础理论是依次递进的关系，正是由于社会救助的反贫困功能使得社会救助具有公共产品的属性，所以决定了社会救助是政府的职能，可以实现基本公共服务均等化的目标。在实践分析上，结合实际对中国社会救助财政支持的历史变迁与现状、存在的问题及原因进行分析，分析发达国家和发展中国家社会救助财政支持可供借鉴的经验。最后，在理论与实践相结合的基础上提出完善中国社会救助财政支持的目标和原则，在此顶层设计理念下对于中国社会救助财政支持从体制和机制两方面提出优化建议。

二、创新

本书的创新之处包括：

（1）站在财政的角度研究社会救助，可以把社会救助与财政支持结合，摆脱了社会救助和财政“各自为政”的研究现状，两者的结合可以相得益彰、形成合力，找到最佳结合点，实现“共赢”的效果——财政支持更精准、社会救助更有效。从财政支持的角度来研究社会救助的发展演变，提炼出社会救助优化与财政支持之间的关系、目标及实现路径。

（2）在研究方法上，首先搜集了新中国成立以来社会救助财政支持的数据，并与同期的财政支出、GDP 等进行了对比研究。其次，利用因子分析法对于中国 31 个省区市的社会救助财政支持规模进行对比分析。再次，通过 AR 模型预测了 2020 年中国社会救助财政投入规模。最后，采用了 VAR 模型对社会救助财政支持的影响因素进行实证研究，验证了人均可支配收入与社会救助财政投入的关系。

（3）在政策建议上，本书认为财政支持应该与社会救助改革相适应。提出适应“发展型社会救助”的要求，分阶段分目标地实现财政支持改革。在 2020 年全面建成小康社会的近期目标下，对社会救助的财政支持提出了新要求——“精准化”。社会救助财政支持的精准化要求优化现有的财政体制，同时也要求完善财政支持的机制。

三、难点与不足

（一）难点

对于中国社会救助发展过程中财政支持的梳理与提炼较为困难。社会救助财政支持涉及经济、政治、社会和公共管理等多方面因素制约，如何提炼出社会救助发展中的财政支持的问题并找到其规律成为本书研究的难点。

（二）不足

（1）由于中国社会救助的内容不断变换，统计口径前后不一致，本书不同历史阶段的数据可比性不强。另外，本书在进行财政支持规模分析时未纳入对于自然灾害救助。这些数据不能代表全部社会救助规模，会影响分析的结果。

（2）本书对财政支持与社会救助之间的作用机制没有进行深入的实证

分析，财政支持对社会救助的影响效果的大小未能深入运用计量经济学中更多的方法进行建模和检验。

（3）在社会救助国际比较时，由于各国对于社会救助的内容划分不同，目前还无法找到各国社会救助财政投入的统计数据，使得社会救助财政支持规模的比较缺乏数据比较。例如，英国统计年鉴中第三大类“Social and Culture Affairs”（社会和文化事务）中第 12 类“Social Protection”（社会保障）下只有“Social Protection Expenditure”（社会保障支出），没有“Social Assistance”具体项目。美国统计年鉴的第 11 类“Social Insurance and Human Services”（社会保险和人类服务），无社会救助的直接统计。日本统计年鉴第 20 大类“Social Security”（社会保障）之后也无社会救助统计。

第二章

文献综述

第一节　国内外文献综述

一、国外关于社会救助财政支持的文献综述

（一）关于社会救助与财政支持的关系研究

1. 关于社会救助责任主体的研究

社会救助资金来源与社会救助的责任密切相关，正是有了社会救助责任的划分才会有社会救助资金的稳定来源。对于社会救助责任的研究，国外经历了社会救助国家主体论之后转为社会救助社会化的研究，现在普遍认为社会救助不单单是国家财政投入支持，而是应该包括政府、个人、慈善组织等全社会的支持。较早的研究大多强调社会救助国家责任，例如，美国学者夏洛特·托尔（1992）[①] 探讨了社会救助的个人需求及国家责任等问题。后来

① ［美］夏洛特·托尔．郗庆华、王慧荣译．社会救助学［M］．上海：三联书店，1992：56.

随着经济社会的发展，对于社会救助的认识有了新的变化，开始关注社会救助责任的社会化。例如：罗伯特 E. 古丁（Robert E. Goodin，2008）[①] 指出：保护弱势群体是不可推卸的社会责任，而且全社会都有责任保护弱势群体。

2. 关于社会救助资金来源的研究

由于社会救助责任主体的变化，目前大多数学者认为社会救助的资金来源于国家和社会。斯米丁（Smeeding，2003）认为社会救助的资金主要来源于政府，但是不同国家政府和社会负担的比例不同，完全由政府负担社会救助的国家较少，比如丹麦。另外，也有学者认为社会救助的资金来源于国内和国外。苏巴拉奥（Subbarao，1997）[②] 认为国内社会救助资金来源于税收，包括一般税、工资税和特种税。国外的社会救助资金来源就是国际援助，发展中国家接受的国外援助较多，甚至对其产生依赖。例如，非洲的国外援助占比达 80% ~90%，拉美也高达 70%。亚洲许多国家的救助项目也主要依靠国外的粮食和其他援助。因此，理论上说，社会救助的资金来源包括国内资金和国外资金，如图 2 - 1 所示。但是国外救助具有不稳定性，会使得一

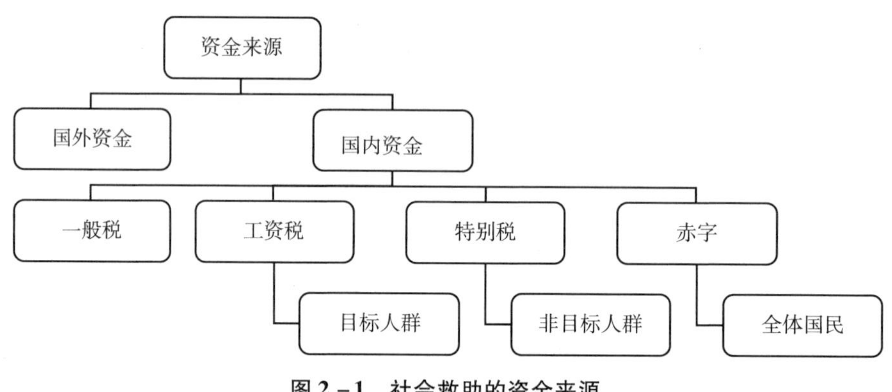

图 2 - 1　社会救助的资金来源

资料来源：关信平，郑飞北等. 社会救助筹资及经费管理模式的国际比较［J］. 社会保障研究，2009（9）：101.

① 罗伯特 · E. 古丁. 李茂森译. 保护弱势社会责任的再分析［M］. 北京：中国人民大学出版社，2008：76.

② Subbarao K，Bonnerjee A Jeanine. Safety Net Programs and Poverty Reduction：Lessons from Cross - Country Experience［M］. Washington. D. C：World Bank，1997：134.

些社会救助项目不可持续。当然，也有学者从社会参与的角度来考虑社会救助资金的来源，主张一种在政府主导下的社会参与模式和机制，即社会救助资金来源于政府、社会组织和个人。

3. 关于社会救助财政投入与社会保险财政投入对比的研究

多布雷·巴隆·奥纳（Dobre－Baron Oana，2010）① 指出社会保障制度包括两个主要组成部分：社会保险和社会救助。从财政投入上看，社会救助与社会保险进行对比后，社会保险大于社会救助的财政投入。林德特等（Lindert et al.，2006）指出：通过2000年对拉美8个国家的调查发现，社会保障总投入中社会救助仅占7.7%。在阿根廷，社会保险财政投入占GDP的比例为8.9%，社会救助财政投入占GDP的比例为1.2%。胡贝尔（Huber，2009）指出：拉丁美洲社会保障资金的80%以上用于社会保险，而用于能有效脱贫的社会救助的比例很小，因此社会保障的收入再分配功能不明显。多布雷·巴隆·奥纳（2010）② 指出：虽然大多数国家社会救助家预算支出的趋势是上升的，但是这些支出远未达到需要的水平。

4. 关于社会救助财政来源的研究

国外研究一致的结果是：大多数国家社会救助资金的国内来源主要来自政府累进制的税收，也有些国家来自工资税、特种税、缴纳使用费及财产变卖。因为社会救助的对象是穷人，最好的筹资方式是具有再分配性质的税收。但是，不同的税收方式对社会救助资金来源产生不同的影响。例如，累进税收在发展中国家和转型国家会受到国家税收管理能力的限制，也会影响劳动力供给和投资。而实行工资税的社会救助资金则会提高单位成本的价格而使得企业竞争力下降。还有些国家通过减少政府的其他支出支持社会救助。极少数国家开征特别税来筹资，例如，印度的就业税（Subbarao et al.，1997）。多布雷·巴隆·奥纳（2010）③ 认为在罗马尼亚，为了更好地实行

①② Dobre－Baron Oana. The Analysis of Financing the System of Social Assistance in Romania［J］. Revista Tinerilor Economisti（The Young Economists Journal），April 1，2010：25.

③ Dobre－Baron Oana. The Analysis of Financing the System of Social Assistance in Romania［J］. Revista Tinerilor Economisti（The Young Economists Journal），April 1，2010：28.

社会救助计划就需要国家的财政预算。

5. 关于政府间社会救助财政责任划分的研究

社会救助财政责任，直接影响到社会救助目标的实现。处理各级政府社会救助财政支持中央和地方的关系有不同的模式。相同的社会救助经费管理体系，在不同的国家或背景之下会产生非常不同的效果（Braithwaite，2000）。总体来看，社会救助的财政责任划分的类型有如下几类。

（1）赞成由中央政府承担社会救助责任是主流观点。例如，奥茨（Oates，1972）、奥尔（Orr，1976）、杜拉德兰和拉德（Doolittle and Ladd，1982）、布朗和奥茨（Brown and Oates，1987）。在社会救助的发展过程中，中央政府承担起社会救助的责任才会使得社会弱势群体获得救助。吉尔伯特（Gilbert，1998）认为，在地方政府，首先是财力的短缺限制了社会救助行为的有效性，其次是技术水平和管理能力的欠缺使得地方社会救助不成熟[①]。考虑到中央政府的优势和地方政府的劣势，奥尔德曼（Alderman，1998）认为最优选择是中央政府将社会救助资金预算拨付地方，地方政府通过调查贫困人口的实际收入水平来提供救助。

（2）主张社会救助财政责任的地方化。目前各国的社会救助的管理和支出责任都呈现下放的特点。理论上，理查德 · W. 特里希（Richard W. Tresch，1981）[②]、罗雅 · W. 鲍德威和大卫 · E. 怀尔德森（Rohin W. Boadway and David E. Wildasin，1984）指出：在对救助对象的贫困信息掌握上，地方政府更具优势，要想使得社会救助能够因地适宜，更精准，社会救助的财政责任由地方政府负责。所以，社会救助的分权化才能充分发挥收入再分配的功能。实践中，林德特（Lindert，2003）认为社会救助责任的地方化也是大多数国家的现实选择。但是由地方政府提供社会救助的财政责任的做法优劣并存，这也是诸多学者研究的兴趣所在，例如，奥尔（Orr，1976，1979）、赫尔滕等（Hulten et al.，1982）、格拉姆利克和拉伦（Gramlich and Laren，

---

① Gilbert，N，& Tenell，P. Dimensions of Social Welfare Policy [J]. Boston，Mass：Allyn and Bacon，1998（4）：45.

② Richard W Tresch. Public Finance：A Normative Theory [M]. Business publication，1981：67.

1984)、莫菲特（Moffit，1984)、普洛特尼克和温特斯（Plotnick and Winters，1984)、施罗德（Shroder，1995）等都进行过相关研究。从优势上看，社会救助地方分权化会控制救助者数量以及约束救助成本。同时，地方政府还会因地制宜地开展培训和再就业等项目，真正帮助被救助者脱贫（DECD，1998)①。另外，阿尔德曼（Alder-man，1998）认为地方政府承担一定比例的救助配套资金，可以避免地方政府为了获得更多的中央救助资金而故意夸大该地贫困程度的现象。从劣势上看，社会救助地方分权的实际作用却非常有限，分权化会导致某些国家的社会救助项目资金匮乏。例如，苏巴拉奥等人（Subbarao et al.，1997)② 指出转型国家社会救助地方分权后使得某些项目因资金不足而中断，加剧了地区之间社会救助的不公。社会救助的地方分权后会导致这种现象：贫困地方财力小、救助需求大与经济发达地区财力足、救助需求小而导致的各地贫困家庭社会救助资源分配的不均等。米拉诺维克（Milanovic，2000)③ 发现，在拉脱维亚获得社会救助的人口较少，大约占总人口的1.5%，在不同城市，贫困家庭获得的社会救助有较大差异。所以，社会救助责任的地方化会导致社会救助待遇的“因地而异”，居住地的不同会导致社会救助的待遇不同。伯德和斯利特瓦克（Bird and Slitvack，1995)④ 指出：在发展中国家，尤其是贫困地区，社会救助主要由地方提供，使得社会救助资金匮乏。

所以，社会救助的财政责任的分权化成功的条件包括：①社会救助法制化，各地对于救助对象、救助标准、管理规范、责任划分都有法可依，防止政府互相推诿社会救助责任。②地方分权可以实现由于某个政府部门的修改

---

① OECD. The Battle Gainst Exdlusion：Social Assistance in Belgium［M］. Czech Republic：1998：161.

② Subbarao K，Bonnerjee A，Jeanine，B. Safety Net Programs and Poverty Reduction：Lessons from Cross – Country Experience［M］. Washington，D. C：World Bank，1997：78.

③ Milanovic B. Social transfers and social assistance：An empirical analysis Household Survey data［J］. Policy Research Working Paper，2000（2328）：24.

④ Bird Richard M，Litvack Jennie L & Rao M. Govinda. Intergoverrvnental Fiscal Relations and Poverty Alleviation in Vietnam［M］. Washington ：D. C World Bank，1995：56 – 60.

政策而挤占其他政府部门的财政支出的情况（OECD，1999）[①]。迄今为止，地方化所取得成果还比较有限。

（3）主张社会救助由中央和地方共同管理成为大多数学者的观点。理论上看，既然单纯依靠中央或地方的社会救助财政分权管理各有优劣，实行中央和地方共同管理则可以取长补短，于是成为研究的重点。但实际上，中央和地方共同管理模式的缺点在于产生“救助转嫁”。“救助转嫁”是指政府部门之间由于责任划分不明确而出现的机构之间互相推诿救助责任的现象，使得被救助者没有得到救助。这种转嫁在社会救助的政策制定过程和政策执行过程都会存在。在政策制定过程中，政府部门间在社会救助项目的划分时出现责任的转移推诿；在政策执行过程中，具体救助项目的管理者将责任转移到其他部门。在联邦制国家，“救助转嫁”非常棘手，相关救助项目管理部门的协调很难沟通。比如：在项目转嫁上，把社会救助的项目推给疾病、工伤或失业保险（OECD，1998）。在瑞士，部分地方政府会想方设法帮助救助者具备享受失业保险或者工伤保险的资格来享受社会保险的补偿，以此增加社会保险的支出从而减轻社会救助支出。在地区转嫁上，各级财政之间的转嫁也会存在，例如，移民的流出区和流入区政府出于自身的角度考虑，对有关移民的信息不愿意进行共享，借此来把移民的救助成本转移出去，实际上就形成了贫困的跨地区流动。这种现象在瑞士、加拿大都存在。例如，在瑞士，被救助者在不同地区间进行迁移时由地方政府支付被救助者的转移成本［爱德利等（Eardley et al.，1996）］，这种政策造成了贫困地区的被救助者选择迁移到经济发达地区，因为发达地区有着良好的社会救助项目和服务，而且能够较好地保护被救助者的隐私。因此，各国社会救助财政支持模式依据历史文化、经济发展、财政体制等因素而异，相同的财政投入在不同的国家背景下救助效果会有很大的不同［布雷斯韦特（Braithwaite，2000）］[②]。

---

① OECD. The Battle Gainst Exclusion：Social Assistance in Canada and Suritxerland. Paris［M］. Organization for Economic Co-operation and Development，1999：56.

② Braithwaite，J Grootaert，C & Milanovic. Poverty and Social Assistance in Transition Countries［M］. New York：St Martin's，2000：98.

实际上，法伊尔（Pfeil，1994）指出，社会救助责任在不同国家和地区的划分，表面是社会救助的有效管理，实质上是关于政治权力的分配及如何减少社会救助资金。

（4）关于建立合理的政府间社会救助转移支付。由于社会救助的外溢性地方公共产品的属性，使得按照救助的受益范围不易准确界定中央和地方的财政投入责任。在无法准确划分的条件下，政府间合理的转移支付成为必然。苏巴拉奥等（Sub-barao et al.，1997①）指出转移支付的实现需要有如下要求：第一，能够有足额的资金保证社会救助所需；第二，转移支付规模适度，避免使地方产生依赖思想，即地方政府单纯依靠中央政府的转移支付而不去努力增加财政收入。林德特（Lindert，2003）认为：由于地区财力差异、地区政府在中央政府的话语权等方面的差异，中央政府对各地方政府的转移支付规模会有区别。拉梅什·米莎（Ramesh Misha，2001）、格斯塔·艾斯平·安德森（Gosta Esping Andersen，2001）认为社会救助不仅需要国家和社会资金的融合，同时需要依赖政府的转移支付。

（二）关于社会救助经济效应的研究综述

目前，专门就社会救助经济效应的研究较少，大多数的研究集中在社会保障的经济效应。学者通过财政的经济效应来推导社会保障的经济效应，研究有如下不同看法：

1. 认为社会救助促进经济增长

格奥尔基·马特尔（Gheorghe Matel，2015）② 认为：社会救助能够影响经济复苏和经济增长。萨拉－伊－马丁（Sala－i－Martin，1996）③ 通过研究社会保障转移支付占 GDP 比例与经济增长关系，认为社会保障对经济

① Subbarao，K et al. Safety Net Programs and Poverty Reduction：Lessons from Country Experience [M]. Washington D. C：The World Bank，1997：101.

② Gheorghe Matei，Nicolae Tudose. Social Assistance Models in the European Union [J]. Finance－Challenges of the Future，2015（17）：25.

③ Sala－i－Martin，Xavier X. Regional Cohesion：Evidence and Theories of Regional Growth and Convergence [J]. European Economic Review，1996（40）：1325－1352.

增长的贡献为正。卡威尔斯和瑞波（Cuyvers and Rayp，1998）利用非完全市场模型指出，在东亚新兴工业化国家，社会保障与经济增长呈正相关关系。贝莱蒂尼和切罗尼（Bellettini and Ceroni，2000）利用61个国家的数据得出社会保障支出与经济增长呈正相关关系，在落后国家这种关系更加明显，即社会保障支出会大大促进经济增长。

2. 认为社会救助阻碍经济增长

有学者把社会救助纳入消费性支出的整体范畴，认为消费性支出对经济增长产生负面效应，例如，巴罗（Barro，1990）在内生经济理论的框架下通过对政府支出进行生产性支出和消费性支出的划分，得出政府消费性支出与经济增长呈负相关关系。所以，政府的社会救助支出对经济增长率有着明显的影响。世界银行（2006）指出：在OECD国家，社会救助占GDP的比例大约为3.1%。林德特等（Lindert et al.，2006）发现：在发展中国家，例如巴西、阿根廷、墨西哥、洪都拉斯等国，社会救助占GDP的比重在0.5%~2.5%。

另外，国外的研究除了把社会保障作为间接变量通过资本存量、人力资本来促进经济增长的效应分析外，还开始研究社会保障直接作为一个生产要素对经济产生影响。《全球就业日程》（2003）指出“社会保障作为一个生产要素”（ILO，2003）；欧盟也提出“社保制度本身就是一个生产要素”（European Commission，1997）。实践中，社会保障的积极作用在2008年的金融危机中充分体现。在欧洲、美国等国家，为了走出经济危机而制定的经济刺激方案中，更多的是通过社会救助来刺激经济，具体形式包括：向穷人直接发放现金补贴、减税等。可以说，社会保障制度作为一个生产要素产生经济效应具有必然性。

（三）关于发展型社会救助改革的研究综述

为了更好地适应经济社会的发展和政治改革的需要，自20世纪90年代以来，世界上许多国家或主动或被动地进行了社会救助制度的变革。英美等发达国家为了减轻财政负担对社会救助进行改革，而拉美、南非等发展中国家则开始社会救助扩张①。20世纪以来，西方国家进行了积极社会救助政策的改革，积极社会救助理论与政策关注人的受助权利，强调社会救助中的个人责任，注重受助者的就业能力建设，强调救助方式的转换。当然，在实际操作中，贝蒂娜·莱比斯特（Leibetseder，Bettina，2015）② 通过对奥地利两个城市的调查发现，社会救助并不要求所有的受访者寻求就业，而工作激励实际上取决于被救助人所在的城市和受助者的个人情况。A. 巴里恩托斯（A. Barrientos，2013）③ 认为社会救助在扶贫中发挥着积极的作用，通过提供基本服务（卫生和教育），还应该帮助贫困和脆弱的人们发展生产性资产。伦斯布·罗尔斯玛（Lourens Broersma，2013）④ 介绍荷兰新的《工作和社会救助法》“Work and Social Assistance Act”（WSA），从2004年开始，地方政府得到一个固定的覆盖所有社会救助费用的预算。这种新的治理模式刺激了当地政府故意减少接受救助的人数，因为固定数额的预算可以资助其他地方公共物品。但同时地方也有更多的自由选择措施来激活他们的救助受益者。

二、国内关于社会救助财政支持的文献综述

（一）关于社会救助与财政支持关系的研究综述

1. 关于社会救助政府责任的研究

关信平（2009）⑤ 指出：世界各国在社会救助资金的财政投入处理时面

① 钟玉英．当代国外社会救助改革及其借鉴［J］．中国行政管理，2012（12）：74－77.

② Leibetseder，Bettina. Activation in the Austrian Social Assistance Scheme – Unproductive Pressure and Low Support［J］. Social Policy & Administration，2015（49）：549－570.

③ A Barrientos. Social Assistance in Developing Countries［M］. Cambridge，Cambridge University Press，2013：267.

④ Lourens Broersma，Arjen J E Edzes，Jouke van Dijk. Have dutch municipalities become more efficient in managing the cost of social assistance dependency?［J］. Regional Science，2013（53）：275.

⑤ 关信平，郑飞北等．社会救助筹资及经费管理模式的国际比较［J］．社会保障研究，2009（9）：108.

临的两大关系：政府与社会的关系、各级政府之间的权利与责任的关系。中国对于社会救助责任主体同样经历了国家责任到社会责任的认识过程。最早强调政府责任的研究包括：高梦滔、顾昕（2006）[①] 认为社会救助就是财政支持的制度。戴卫东（2006）[②] 认为，社会救助的建立完全是政府的责任，社会救助的再分配功能应该由政府负责。郑功成（2002）[③] 提出社会救助是公民的法定权利，也是政府的法定义务。后来借鉴国际经验和中国实际发展需要，学者开始意识到政府单一责任的弊端，如毛铖等（2011）[④] 认为，单靠政府对社会救助的财政投入出现了较多问题，包括：社会救助覆盖面窄、救助水平低、管理漏洞多。于是出现了社会救助社会责任的研究：很多学者认为，在市场经济条件下，社会救助责任社会化包括政府、社会、个人。纪玉哲、吴知音（2013）[⑤] 认为：社会救助的发展方向就是社会救助主体多元化即包括非政府主体（包括非政府组织、非营利组织、个人）参与社会救助。林治芬（2014）[⑥] 指出政府和社会都对社会救助负有不可推卸的责任。其中，对于非政府组织参与社会救助的积极意义研究包括：孔金平和涂文静（2008）[⑦] 对非政府组织参与农村社会救助进行的研究包括：参与的优势、参与的模式、参与的效果。当然，也有学者对于社会救助的社会责任持否定态度，例如：何平（2011）[⑧] 指出个人和社会对于社会救助的参与不利于政

---

① 高梦滔，顾昕．福建农村最低生活保障制度筹资与发展战略［J］．贵州师范大学学报（社会科学版），2006（5）：18－23.

② 戴卫东．构建农村最低生活保障制度责任的思考［J］．安徽师范大学学报（人文社会科学版），2006（6）：632－636.

③ 郑功成，中国社会救助制度的合理定位与改革取向［J］．国家行政学院学报，2015（4）：17－18.

④ 毛铖，任晓琳等．社会救助非政府主体参与机制研究——社会救助需要多元化发展［J］．天水行政学院学报，2011（3）：13－18.

⑤ 纪玉哲，吴知音．社会救助制度的财政保障问题研究［J］．财经问题研究，2013（5）：98.

⑥ 林治芬．中央与地方社会保障事责划分与财力匹配［J］．财政研究，2014（3）：39.

⑦ 孔金平，涂文静．非政府组织在农村社会救助中的作用［J］．行政论坛，2008（1）：80－82.

⑧ 何平．中国社会救助政府责任的回归——基于对责任主体责任划分的探讨［J］．华北电力大学学报，2011（10）：69－73.

府发挥责任；纪玉哲、吴知音（2013）[①] 指出：由社会来承担社会救助责任不利于社会公平，反而会加剧贫富分化；范祚军、侯晓（2011）[②] 认为社会救助作为一项基本公共服务的内容，要实现均等化必须改变现有的财政支出结构，强化转移支付在社会救助服务均等化过程中的作用，同时建立完善社会救助资金的预算管理制度。

2. 关于社会救助资金来源的研究

关信平等（2009）[③] 认为社会救助的资金来源有两类：一类是非制度性的救助资金，包括企业、个人捐赠；另一类是制度性的救助资金，即各级政府纳入预算的资金。纪玉哲、吴知音（2013）[④] 认为：财政资金是社会救助资金的主要来源，包括中央财政、地方财政尤其是市县级财政。江治强（2008）[⑤] 指出财政对社会救助的支持包括：提供救助资金、财政分级负担和财政转移支付。

3. 关于中国社会救助财政支持存在问题的研究

从投入规模和结构上看，中国社会救助投入存在规模不足和项目结构不合理。在规模上，近年来，各级政府财政对社会救助的投入总量逐年增加但规模仍然不足。李珍、曹清华（2007）[⑥] 指出当前中国社会救助财政投入过低。江治强（2008）[⑦] 指出，社会救助财政投入具有明显的过渡性和非规范性特征，存在的问题包括：总量不足、比重不合理、增长机制缺失、资金紧张等。黎民（2008）[⑧] 指出，社会救助拨款在社会保障总拨款中所占比重明

---

① 纪玉哲，吴知音．社会救助制度的财政保障问题研究［J］．财经问题研究，2013（5）：99.

② 范祚军，侯晓．公共财政视角下的中国基本公共服务均等化研究——以社会保障为例［J］．东北财经大学学报，2011（1）：71.

③ 关信平，郑飞北等．社会救助筹资及经费管理模式的国际比较［J］．社会保障研究，2009（9）：97.

④ 纪玉哲，吴知音．社会救助制度的财政保障问题研究［J］．财经问题研究，2013（5）：101.

⑤ 江治强．中国社会救助的财政问题与对策探析［J］．山东社会科学，2008，153（5）：46.

⑥ 李珍，曹清华．社会保障转移支付中的结构失衡和区域差异研究［J］．宁夏大学学报（人文社会科学版），2007，29（2）：137.

⑦ 江治强．中国社会救助的财政问题与对策探析［J］．山东社会科学，2008（5）：46.

⑧ 黎民．中国社会救助资源分配的公平性研究［J］．福建论坛，2008（9）：122.

显偏小，存在的“重保险、轻救助”倾向，违背了优先满足社会救助需求的公平分配原则。民政部政策研究中心（2012）[①] 指出：目前，中国政府对社会救助财政投入也偏低，占 GDP 的比重不足 1%。王增文、邓大松（2015）[②] 认为中国财政分权不充分导致地方政府竞争策略扭曲，地方政府的经济增长目标使得用于社会救助的转移支付资金较少。

从社会救助财政投入的城乡差别来看：普遍认为中国城市社会救助财政投入大于农村，但随着中国对于“三农”问题的重视，农村的社会救助财政投入逐年增加。顾昕、高梦滔（2007）[③] 认为城市间社会救助差异较少，但农村地区间的社会救助财政投入的差异较大。黎民（2008）[④] 指出：社会救助在资源分配上重城市、轻农村。随着社会救助城乡统筹发展的推进，农村社会救助的财政投入逐渐增加，城乡之间的社会救助财政投入的差异开始减小，中国的社会保障支出差距从 2003 年后开始缩小，其中社会救助的差距最小。纪玉哲、吴知音（2013）[⑤] 指出：在最低生活保障的财政投入上，2011 年农村的财政投入额首次超过城市，积极推动了农村最低生活保障的发展。

4. 关于中央和地方社会救助财政支持责任划分的研究

在社会救助的责任划分上，中国大多数学者认为社会救助更适合由地方政府承担。例如，林治芬（2014）[⑥] 指出：从救助的效率和成本的角度考虑，地方政府应该提供社会救助，例如，中国的抚恤和社会福利支出的

---

① 民政部政策研究中心．城乡困难家庭社会政策支持系统建设蓝皮书（2012）［M］．北京：中国社会出版社，2013：134.

② 王增文，邓大松．财政分权不充分、竞争策略扭曲与社会救助支出：内在逻辑与中国的实际［J］．社会保障研究，2015（2）：67.

③ 高梦滔，顾昕．福建农村最低生活保障制度筹资与发展战略［J］．贵州师范大学学报（社会科学版），2006（5）：18－23.

④ 黎民．中国社会救助资源分配的公平性研究［J］．福建论坛・人文社会科学版，2008（9）：123.

⑤ 纪玉哲，吴知音．社会救助制度的财政保障问题研究［J］．财经问题研究，2013（5）：101.

⑥ 林治芬．中央与地方社会保障事责划分与财力匹配［J］．财政研究，2014（3）：37.

95%以上都由地政府财政提供。当然，学者强调社会救助的地方政府支出责任的同时也主张中央政府的资助，例如，纪玉哲、吴知音（2013）[①] 指出：具有地域性的社会救助由具有信息优势的地方政府提供更为有效，比如救助标准、救助项目的设置。但社会救助属于民生保障的公益性使得中央政府同时具有救助责任。中国社会救助项目来自中央财政补贴，但是由地方政府负责运行和管理。从社会救助中的重要项目最低生活保障制度来看，郑新业、张莉（2009）[②] 指出"低保"资金的筹集和使用均由地方政府负责，主要有省市县分摊和市县分摊两种，并以后者居多。关信平（2009）[③] 指出中央与地方的分权分责与合作模式在中国具有更好的适应性和合理性，指出中国仍还没有建立新的政府间权利与责任的制度法律体系。杨红燕（2011）[④] 提出树立中央与地方财政共同承担社会救助支出责任，以中央财政为主的观念。

5. 关于社会救助财政转移支付的研究

目前，对于社会保障的财政转移支付研究的成果较多。社会保障的不同组成部分：社会救助和社会保险，由于其性质不同，转移支付的性质不同。其中，社会救助转移支付性质最强而社会保险的转移支付的性质最弱。但目前只是针对社会救助转移支付的研究较少，代表的研究成果分为如下几个方面：（1）针对中央和地方各级政府的纵向转移支付。江治强（2008）[⑤] 指出，在社会救助中各级政府间的转移支付制度和执行标准都缺乏规范，对此提出的解决方案包括：实现中央与地方权责的法治化、逐步建立以因素法确定的财政转移支付法、中央对县级的跨级转移支付。威廉姆·贝尔（William

---

① 纪玉哲，吴知音．社会救助制度的财政保障问题研究［J］．财经问题研究，2013（5）：102.

② 郑新业，张莉．社会救助支付水平的决定因素：来自中国的证据［J］．管理世界，2009（2）：52.

③ 关信平，郑飞等．社会救助筹资及经费管理模式的国际比较［J］．社会保障研究，2009（9）：108.

④ 杨红燕．中央与地方政府间社会救助支出责任划分——理论基础、国际经验与改革思路［J］．中国软科学，2011（1）：28.

⑤ 江治强．中国社会救助的财政问题与对策探析［J］．山东社会科学，2008（5）：46.

D. Berry，2003）等[①]指出当前中国社会救助转移支付应该从如下两个方面完善：第一，加大中央对地方的社会救助专项转移支付；第二，社会救助的集权化（Centralization），由中央政府负责。纪玉哲、吴知音（2013）[②]认为：中国目前形成的社会救助梯次转移制度，即“中央—省级—市县”三级转移支付有效地解决了社会救助资金的需求，但同时存在的问题包括：转移支付制度设计不规范、执行不严格、流程环节较多。王增文、邓大松（2015）[③]提出：中央对社会救助的转移支付取得应有效应的前提是建立科学的地方政府的绩效评估体制。柯卉兵（2014）[④]指出中央社会救助支出责任下放的前提是税收权力和财政分配权的下放。陶勇（2007）[⑤]支持社会救助的组织实施责任还是要更多地依靠地方政府，以市县级政府作为组织实施的责任主体是合意之举，但中央和上级政府应统一社会救助的项目和政策并加以监督。（2）针对经济发展不同地区的横向转移支付的研究。黎民（2008）[⑥]指出：中国社会救助的横向转移支付即富裕地区对贫困地区的转移支付应该以人均 GDP、输入的劳动力、承担的义务教育成本等因素来确定转移支付系数。郭明霞（2010）[⑦]指出：在社会救助地方分权的条件下，中央和省级要建立社会救济专项调剂资金，用于补助经济落后地区，比如：西部地区、贫困地区、革命老区、少数民族地区等，以实现中央和省在社会救助资金方面进行更好的宏观调控。

---

① William D Berry，Richard C Fording，and Russell L. Hanson，Reassessing the “Race to the Bottom” in State Welfare Policy [J]. Journal of Politics，2003 (65)：327 - 349.

② 纪玉哲，吴知音．社会救助制度的财政保障问题研究 [J]．财经问题研究，2013 (5)：124.

③ 王增文，邓大松．财政分权不充分、竞争策略扭曲与社会救助支出：内在逻辑与中国的实际 [J]．社会保障研究，2015 (2)：67.

④ 柯卉兵著，中国社会保障转移支付制度研究 [M]．北京：人民出版社，2014：44.

⑤ 陶勇．社会保障供给中政府间责权配置研究 [J]．中央财经大学学报，2007 (10)：17 - 21.

⑥ 黎民．中国社会救助资源分配的公平性研究 [J]．福建论坛，2008 (9)：124.

⑦ 郭明霞．社会救助的国际比较及其经验借鉴 [J]．兰州大学学报（社会科学版），2010 (3)：149.

（二）社会救助经济效应的研究综述

目前对于社会救助经济效应的研究几乎没有，主要研究的是社会保障与经济增长的关系：别朝霞（2004）①、许晓茵和韩丽妙（2006）② 认为中国社会保障支出对经济增长的影响研究结论不一致，特别是在两者究竟是正相关，还是负相关以及两者因果关系的判断上莫衷一是。刘新等（2011）③ 考察了1978～2008年中国财政社会保障支出对经济增长的影响，认为社会保障支出对于物质资本和人力资本没有格兰杰因果关系，社会保障支出对经济增长也无格兰杰因果关系，这意味着社会保障不会影响经济增长，最后提出的建议是控制好财政社会保障支出等经济变量。

（三）关于发展型社会救助改革的研究综述

大多数国内学者认为，发展型社会救助是社会救助改革的方向，社会救助的根本目的是帮助穷人发展。例如，张浩淼（2013）④ 指出发展型社会救助是发达国家社会救助改革的方向，中国社会救助需要“发展”理念，让社会救助发挥生计保障、人力资本发展和帮助贫困者融入社会的功能。但也有不同的看法：林毅夫（2002）⑤ 认为，中国社会救助体系改革的方向应该偏重“救急”而非“济贫”，主要原因是如果以“济贫”为主，从发达国家的情况来看，政府的财政都出现了很大的问题，财政出现了很大的问题就要加税，税负太重后经济发展的动力就会下降。这种观点间接强调了社会救助与国家财政承受能力相一致，超出国家财政能力的社会救助最终会阻碍经

---

① 别朝霞．养老保障与经济增长文献述评［J］．经济评论，2004（5）：68－72.

② 许晓茵，韩丽妙．社会保障和地区经济差异：1996～2006中国面板数据分析［J］．上海经济研究，2006（12）：12－19.

③ 刘新．财政社会保障支出与经济增长：基于扩展VAR模型的分析［J］．商业研究，2011（4）：51－53.

④ 张浩淼．中国发展型社会救助制度建设：国际视野下的分析与启示［J］．改革与战略，2013（8）：34.

⑤ 林毅夫．解决贫困问题最终要靠发展经济［N］．中国社会报，2002－12－27（6）.

济的发展。

发展型社会救助的改革措施包括：郭林、张巍（2014）[①] 指出严格受助条件、降低社会救助标准、限制受助时间、鼓励就业等。郑功成（2015）[②] 指出：明确各级政府的社会救助责任，中央和地方的分担比例按照固定的7∶3或6∶4或5∶5来确定，另外积极发挥市场机制与社会机制的辅助作用。孙远太（2015）[③] 提出了创新社会救助政府购买机制，这种机制能够增加社会救助服务供给，提高救助效果。王增文、邓大松（2015）[④] 认为，地方政府只有拥有足够的财权才能增加对社会救助的供给，同时也要限制地方支配资金的权力。关信平（2014）[⑤] 指出：社会救助的水平建立在经济发展程度上，社会救助的财政投入与经济发展相适应，对于救助标准和救助责任的划分应该法制化和规范化。江治强（2015）[⑥] 提出经济新常态下社会救助政策改革的方向与重点：社会救助事权与财政支出匹配、优化社会救助财政投入结构、建立以需求为导向的财政投入增长机制。另外，李显坤（2011）[⑦] 指出新型社会救助要以发展为目标，实现社会救助理念从物质性、服务性到发展性的转变。

第二节　现有文献的贡献与不足

国内外已有关于社会救助的财政政策的文献研究主要围绕三个方面展

① 郭林，张巍．积极救助述评：20世纪以来社会救助的理论内核与政策实践［J］．学术研究，2014（4）：58.

② 郑功成．中国社会救助制度的合理定位与改革取向［J］．国家行政学院学报，2015（7）：23.

③ 孙远太．政府救助与慈善救助衔接机制构建研究［J］．中国行政管理，2015（8）：45.

④ 王增文，邓大松．财政分权不充分、竞争策略扭曲与社会救助支出：内在逻辑与中国的实际［J］．社会保障研究，2015（2）：65.

⑤ 关信平．朝向更加积极的社会救助制度——论新形势下中国社会救助制度的改革方向［J］．中国行政管理，2014（7）：20.

⑥ 江治强．经济新常态下社会救助政策的改革思路［J］．西部论坛，2015（4）：31.

⑦ 李显坤．建设完善新型社会救助体系的思考［J］．克拉玛依学刊，2011（2）：71.

开；第一是对于社会救助与财政支持的关系研究，从政府责任、资金来源、财政资金来源、各级政府社会救助财政责任划分、社会救助财政转移支付五个方面进行研究；第二是对社会救助经济效应的研究，分别从正反两方面进行研究，既有观点认为社会救助会促进经济发展，也有观点认为社会救助阻碍了经济发展；第三是对社会救助改革发展方向的研究，国外对于社会救助改革发展的研究较多，中国的研究多是借鉴国外已有研究成果。这三方面已有的研究中对于社会救助和财政支持的关系进行了多角度的论述，这为本书分析中国社会救助发展与财政支持提供了重要的指导意义。

现有对于社会救助的研究较多，而且从社会学、公共管理学、社会保障学的角度单独研究的较多，研究主要围绕如何使得社会救助政策更加完善。但是从财政角度分析社会救助的研究仍然较少，把社会救助与财政相结合的研究更少。社会救助的兜底基础地位及中国社会保障发展的目标定位——“低水平”使得社会救助的财政支持研究显得意义重大。同时，已有研究对于社会保障与财政关系研究的较多，而对于其中起“安全网”作用的社会救助的财政支持单独研究的较少，或是混淆了社会救助和社会保险，未准确区分社会救助在社会保障中的特殊性。另外，已有研究对于社会救助的财政支持较多是从投入规模、中央与地方的社会救助支出责任进行研究，很少对于社会救助的不同结构项目、不同地区的财政支持、财政支持的效应进行分析。最后，对于社会救助财政支持的规模未进行过实证预测、对于影响社会救助财政规模的相关因素使用实证方法研究的也较少。对于社会救助的发展方向——发展型社会救助的研究较多，但都没有从财政支持的角度分析如何促进发展型社会救助目标的实现。

针对以上的不足，本书希望从以下方面有所突破：第一，中国现有的社会救助的财政支持的实施情况如何，财政支持的规模、结构、方式、效应如何？第二，结合国际社会救助财政支持的经验，中国社会救助的财政支持如何才能适应发展型社会救助的目标？

第三章

社会救助财政支持的理论基础

第一节 贫困理论

一、贫困理论

对于贫困的认识是随着经济社会的发展而不断深入的。对贫困的产生根源，制度根源说、理论因素说和能力缺乏说的观点不同。制度根源说认为贫困是短缺的经济体制造成的，例如资源、资本、科技等制度的落后和短缺；理论因素说认为贫困的原因是多种因素造成的，包括自然资源、历史条件、不平等的国际秩序等，最根本的因素是教育水平的落后。能力缺乏说认为贫困是自身能力不足或缺乏造成的。对于贫困的概念，早期的研究大多是从物质和经济层面理解，如汤森（Townsend，1979）[①]、世界银行（1980）[②]、艾

① Townsend. Poverty in the Kingdom: a Survery of the Household Resource and Living Standard [M]. London: Allen and Penguin Books, 1979: 38.

② 世界银行. 1980年世界发展报告 [M]. 北京：中国财政经济出版社，1981：79.

伦·奥本海姆（Alan V. Oppenheim，1993）[①] 等的观点指出贫困是指无法维持最低限度的生活标准。世界银行（1980）指出："当某些人（家庭、群体）没有足够的资源去获取社会公认的、一般都能享受到的饮食、生活条件、舒适和参加某些活动的机会，就是处于贫困状态。"随着经济社会发展，对于贫困的理解从物质和经济层面转变为人文发展的角度。例如，世界银行（1990）指出，贫困是指基本生活水准和社会福利的缺乏。联合国开发计划署（1997）[②] 提出"人文贫困"的概念。世界银行（2001）[③] 认为贫困就是指"没有权力、没有发言权、脆弱性和恐惧感"。中国对于贫困的认识也逐步由经济贫困扩展到了社会、文化和政治的贫困。

古典政治经济学认为贫困是市场调节和个人行为共同作用，而政府和社会无法解决贫困。马尔萨斯的人口学理论认为贫困是由于人口增长速度超过了生产资料的增长速度，所以消除贫困只能通过减少人口增长，而政府的社会救助是不能解决贫困问题的。马克思、恩格斯理论认为贫困产生的原因是生产资料的占有不平等，所以消除贫困需要通过革命来建立社会主义制度。纳克斯的贫困恶性循环理论认为贫困的原因是资本不足，而解决贫困必须通过增加储蓄和扩大投资来使得投资和生产的发展速度高于人口增长的速度。循环积累因果理论认为贫困的循环只能通过权力改革、教育改革等来解决。

关于反贫困的理论，从"减少贫困"到"减缓贫困"再到"消除贫困"这三个逐步实现的目标来看，消除贫困是最终目标。目前对于"减少贫困"的途径逐步形成了共识，即减贫不仅包括收入的增加，更包括增强贫困人口的资产，例如资金、人力、社会、文化和环境等资产。通过这些资产建设可以改善穷人的教育条件，防止贫困的代际转移，起到"减缓贫困"的作用。而"消除贫困"有利于缓解社会矛盾、稳定社会，也有利于市场经济的发展。

---

① Alan V. Oppenheim Poverty：the Facts [M]. London：Child Poverty Action Group，1993：83.

② 世界银行联合国开发计划署 . 1997 年人类发展报告 [M]. 北京：中国财经出版社，1998：14－16.

③ 世界银行 . 2000～2001 年世界发展报告 [M]. 北京：中国财政经济出版社，2002：114.

二、社会救助的反贫困功能理论分析

反贫困是各国政府的重要职责之一。尽管各国采取的反贫困的政策会有所不同，但最终目标都是实现资源效益的最大化。从目前反贫困的手段来看，大致分为三类：预防性、救济性和开发性。世界银行认为反贫困的主要手段是在降低人口高速增长的条件下的经济增长与人民福祉的同步发展，同时制定更加有效和有针对性的社会救助。社会救助是反贫困的最基础手段。贫困在任何国家和社会都会存在，总会有一部分人因为客观或主观的原因而陷入生活困境。这种困境无法仅仅依靠贫困者个人所能改变，必须得到国家的帮助才能保障最基本的生活。首先，社会救助是保障贫困人口的生存问题即最低生活需要，这是反贫困的基本目标和最后的防线；其次，社会救助开始关注贫困人口的发展问题，在教育、医疗和就业等专项救助项目上开始关注。这些救助项目能够减少致贫的因素，实现有劳动能力的人自力更生从而摆脱贫困，这是反贫困的最终目标。最后，社会救助作为一种转移支付的手段，发挥着收入再分配的作用，可以缩小贫富差距，起到维护社会稳定的作用。

中国对于社会救助的反贫困的认识也是逐步深化的，从最早的“维持基本生活”到“改善贫困人口的生存现状”再到“促进人口资本投资”。对于社会救助反贫困功能的认识决定了社会救助在中国经济社会中的重要地位。

第二节　公共产品理论

一、公共产品理论

公共产品的研究首先是从公共产品的概念开始的。意大利学者马尔科最

先使用“公共产品”这一概念。对于公共产品可以从不同的角度进行分析，最权威的代表人物是萨缪尔森，对于公共产品做出了严格定义。公共产品是指同时具有消费的非竞争性、受益的非排他性和效用的不可分割性。区别于这三个特性，与公共产品对立的产品即私人产品指的是具有消费的竞争性、受益的排他性和效用的可分割性。而介于这二者之间的产品即不完全具有竞争性、排他性和分割性的产品就称为准公共产品。纯粹的公共产品不多，大多数是公共产品为准公共产品。关于公共产品的提供，既有政府垄断提供的观点，也有政府和市场二元提供的观点，还包括公共产品多元提供的观点。但目前较为流行的观点是由政府、公民、私营部门及第三部门多元提供的观点。这种多元供给模式既能够解决市场失灵同时也能解决政府失灵，在各国公共产品的提供中使用较为广泛。

二、社会救助的公共产品理论分析

（一）社会救助的理论属性——纯公共产品

社会救助由于个人不交费即可享受救助，是政府的单向支出行为，所以社会救助公共性较强，且具有正外部性，具有纯公共产品的属性。第一，从非竞争性看，社会救助具有消费的非竞争性，即任何公民对社会救助所提供的产品与服务的消费，并不排斥或者妨碍其他人的享用，也不影响其他公民的利益，最终并不会改变社会救助的特性——符合条件的人即可申请救助。从社会救助带来的社会效益——社会公平的角度上看，某个人对社会公平的享受并不会影响其他人对这种公平的享受，全社会成员对于这种社会公平的消费都是非竞争的。第二，从受益的非排他性看，某个人享受社会救助的权利和从社会救助中得到的产品和服务并不会妨碍其他人对社会救助权利的享受，也不会减少其他个人享受社会救助产品的质量与数量。或者说，要排除某个人享受社会救助是很困难的，而且不让某个符合条件的人享受社会救助也是不可能的。当然，在社会救助中存在的“贫困陷阱”——某些穷人宁愿靠社会救助也不去工作，使得社会救助中出现“免费搭车”的现象。第三，从效用的不可分割性看，社会救助是一种面向整个社会公民提供的公共产品，社会救助效用——社会公平和安全平和，是为整个社会的公民共同享有，是不能够分割的，每一个公民个体都可以平等并充分地实现享用。正是由于社会救助的这三个公共产品的属性，决定了社会救助只能由政府来提供，否则没有人愿意举办社会救助，社会中的贫困人员的利益无法保证，不利于社会公平。

（二）政府提供社会救助的实践属性——准公共产品

在政府提供社会救助实践中，社会救助是一种准公共产品，具有一定的竞争性和排他性。首先，分析社会救助的排他性，绝大多数国家社会救助都是地方提供的，所以本地政府只对本地的居民负责提供社会救助。“本地居民”就把居住在本地的外来从业人员排出社会救助体系之外。另外，社会救助的排他性还体现在社会救助的条件——生活水平低于一定标准，这个排他条件把不符合条件的人排除在外。其次，分析社会救助消费的竞争性。在一国或地区的社会救助预算总额一定的情况下，社会救助的人数越多，人均得到的救助标准会越低，被救助的对象之间产生竞争。对于某一区域内的本地居民来说，当外来从业人员因为某些原因成为该地区的救助对象，享受该地社会救助时就会产生竞争，从而影响其他公民的救助利益。

（三）社会救助的公共产品类别属性

1. 属性一：开放性的地方公共产品

根据受益范围的不同，公共产品被分为全国性公共产品和地方性公共产品。其中，全国性公共产品是指不分区域的全国居民都可以普遍受益的公共产品，可以说是一种纯公共产品。地方公共产品是只有地方一定范围内居民受益的公共产品，相当于一种俱乐部产品。同时，由于某些地方公共产品的受益具有地区外溢性，因此对地方公共产品供给事权的划分还要考虑到外部效应的内部化问题。

根据受益是否具有地区外溢性，地方公共产品可以进一步分为开放性地方公共产品和闭合性地方公共产品。前者是指某一地区提供其他地区的居民也能受益的公共产品，如环境保护。这类公共产品由于具有较强的外部性，因此除了地方政府承担相应事权外，还需要中央政府的协调以使外部效应内部化，属于中央政府和地方政府的共同事权。后者是指只有本地辖区内居民受益的公共产品，如治安、消防、供水等，由于受益具有地区闭合性，因此应完全由本地政府提供，属于地方政府的独立事权。

总而言之，提供全国公共产品的事权应归中央，提供闭合性地方公共产品的事权应归地方，提供开放性地方公共产品的事权应归中央和地方的共同事权，应由中央和地方政府共同负责。社会救助具有开放性地方公共产品的属性。社会救助不是纯公共产品，也不是全国性的公共产品，属于地方性公共产品。按照地方性公共产品的属性分析，社会救助的受益范围一般都有区域性，属于某一区域的居民收入水平低于一定的标准后才能享受社会救助。从拥挤效应来看，某一区域的社会救助预算总额是一定的，如果某一时期社会救助的人数多，则每一个社会救助的对象接受的救助金额则会减少。但是社会救助又具有溢出效应（外部性），某一区域的社会救助会使得当地穷人得到基本生活保障而不会破坏当地和附近区域的社会治安。所以，社会救助不是纯粹的地方公共产品，是具有开放性的地方公共产品，应该由中央和地方共同来提供。

2. 属性二：软公共产品

按照公共产品的表现形态不同，公共产品分为硬公共产品和软公共产品[①]。硬公共产品包括公路、机场等基础设施。软公共产品主要包括公共安全、教育、医疗卫生、社会保障和环境保护等，这些是与当地居民福利相关并长期对经济增长和社会发展大有裨益的一些基本公共服务。自20世纪90

① 亓寿伟，胡洪曙．转移支付、政府偏好与公共产品供给［J］．财政研究，2015（7）：23.

年代以来，由于以经济增长为导向的地方考核机制和官员晋升机制的影响，地方政府对公共产品供给的偏好与中央政府的偏好并不一致，地方官员为了获得政治地位的晋升，往往会追求经济的短期增长效应，会更倾向于对公路、机场等硬公共产品的供给。所以，地方公共产品供给结构失衡——重“硬”轻“软”现象普遍存在。而中央政府更具有长远和全局观念，因而更偏向于对教育、医疗等在长期对经济增长和社会发展大有裨益的软公共产品的供给。

社会救助显然属于软公共产品，属于当地的社会保障内容，属于基本的公共服务内容之一。但是由于地方政府供给不积极，中央政府只能通过转移支付等手段提高地方政府对社会救助的供给。

3. 属性三：非经济公共产品

地方政府提供的公共产品分为经济性公共产品和非经济性公共产品①。经济性公共产品主要包括交通、能源、通信等直接带来经济效益的具有生产性的公共产品，可以直接进入地方官员任期内的（或当期的）生产函数。非经济性产品主要包括环保设施、卫生保健、文化教育、社会福利等间接产生经济效益的具有消费性的公共产品，对当期的地区经济增长无直接贡献。同时，非经济性公共物品的外部性要小于经济性公共物品的外部性②。社会救助属于非经济性公共产品，对于开展实行社会救助的区域经济增长无直接贡献，属于消费性公共产品，对于资本的外部性影响较小。

4. 属性四：公益品

学者刘诗白（2007）按照定义和内容的不同，把公共产品分为公用品和公益品。区别如表 3－1 所示：

---

① 傅勇．财政分权、政府治理与非经济性公共物品供给［J］．经济研究，2010（8）：4.

② 此处的外部性是指公共物品供给的改善能够提升地方官员任期内的资本生产力。对公共物品作此区分，对于研究地方政府行为至关重要，也是公共经济学文献的通行做法（Keen et al.，1996；Cai et al.，2005）。

表 3－1　　　　　　　　公用品与公益品的区别

	公用品	公益品
定义	由于产品的物质技术特点，使其使用价值具有多个人共同享用性，人们可以不付费地获得这种产品和共同享有其使用效果	以增进公众福利为目的、以非营利机构，特别是以政府为生产主体、以无偿的或优惠的方式提供。狭义的公益品，又称为福利品
内容	（1）基础性公用品（大公用品）：生产基础设施、文化基础设施、科技基础设施和生态、环保基础设施等； （2）中小公用品：依靠村民集体力量自愿共建的公用品、城镇社区居民共建绿地和文娱休闲设施等	（1）为贫困群体提供生活保障：社会救助等； （2）促进经济发展：公共基础设施； （3）维护人类生存的自然物质基础：生态林种植、沙漠治理、水资源开发与水力调配、防汛排污等； （4）用于保障国家安全：国防、治安以及各种公共安全
意义	为企业的生产发展和群众生活便利提供公共支撑。在中国经济转型和起飞期，更加需要有效地发挥公共品的支撑功能	社会“稳定器”，分配关系的再调整，是对市场性分配缺陷的一种弥补，体现了社会主义生产关系的完善

资料来源：刘诗白．市场经济与公共产品［J］．经济学家，2007（4）：7－12.

从表 3－1 可以看出，社会救助属于公益品，即福利品，由政府来提供，能够保障困难人群的基本生活，是对初次分配的补充，具有一定的经济意义和社会意义。

5. 属性五：“权益—伦理型”公共产品

“权益—伦理型”公共产品是指由政府提供的“私人产品”，内容包括教育、医疗、住房、就业、个人服务以及对低收入人群的救济等①。“权益—伦理型”公共产品的特点是无直观的非竞争性和非排他性。但是随着市场、技术、体制、社会发展阶段等条件而变化其公共产品的边界，其属性需要在公共选择中确定。

在严格的经典公共产品定义下，社会救助是在消费上有竞争性、受益上有排他性的私人产品。社会救助是在被视为公民的基本权利后，政府才纳入

① 冯俏彬，贾康．权益—伦理型公共产品：关于扩展的公共产品定义及其阐释［J］．经济学动态，2010（7）：36－39.

职责范围，经过公共选择的程序后由政府提供后成为公共产品。社会救助具有的“政府提供的私人产品”的特殊性质，决定了社会救助必须按照经济性原则生产，按照政治原则分配。按经济性原则生产就是指社会救助的部分项目可以由私人部门来生产，因为社会救助可以确认受益主体，也能衡量受益程度，因而完全具备收费条件（如对住房救助、教育救助等的收费），政府可以购买社会救助服务。按政治原则分配而言，政府必须保证每个公民可以获得社会救助的权利，通过税收为社会救助筹集资金，发挥收入再分配的功能，实现社会的公平（如图 3 - 1 所示）。

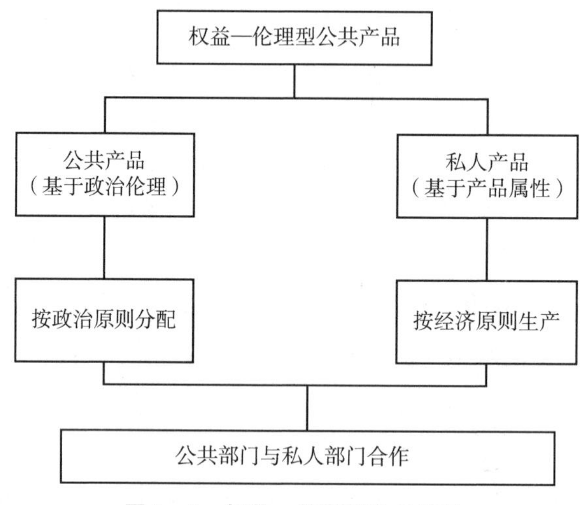

图 3 - 1　权益—伦理型公共产品

资料来源：冯俏彬，贾康. 权益—伦理型公共产品：关于扩展的公共产品定义及其阐释［J］. 经济学动态，2010（7）：36 - 39.

（四）社会救助的提供主体

理论上看，社会救助的公共产品属性——具有开放性的地方公共产品决定了其由地方政府来提供，其理由包括：从公共产品的层次性来看，社会救助对象具有区域限制，只有某一区域的低收入人群才能享受；从交易费用和信息优势的角度来看，社会救助的对象必须接受家计调查来确定是否符合救助条件。而地方政府在家计调查方面无疑具有信息优势，能够更准确地了解救助对象的家庭人员构成、家庭财产、家庭收入来源等信息。但地方政府具有优势的同时也具有一定的不足，主要体现在地方政府的规模越小，居民的偏好越会被利用。所以，中央和地方共同提供社会救助并进行救助责任划分就成为必然。当然，社会救助的提供主体也呈现出社会化、多样化的特点。埃莉诺·奥斯特罗姆（Elinor Ostrom，2000）指出，目前社会民间组织可以提供部分公共产品，而且这已经成为趋势。

第三节　政府职能理论

一、政府职能理论

政府职能是指政府在国家管理中承担的职责和具有的功能。政府职能领域中有两派关于国家职能的不同看法。一派是关于自由主义的政府职能理论，认为国家的职能是保证个人拥有最大限度的自由放任，反对国家干预；自由竞争的市场经济能够更有效地实现财富的增长。因此，亚当·斯密的政府的职能范围十分有限，除了具有对外维护国家安全和对内确保社会安定的两大政治职能外，国家的经济职能中优先市场机制发挥作用，市场失灵的领域才需要政府干预。之后，萨伊、弗里德曼进一步提出了政府的文化职能、社会职能、经济监管职能和宏观调控职能，如节制消费和鼓励储蓄等，但这些职能仍然是有限的，是以不侵犯个人私人事务和不影响经济效率为底线的。另一派是关于干预主义的政府职能理论，例如凯恩斯的有效需求不足理论主张通过财政政策对宏观经济进行广泛监管，政府的职能是“积极干预”。之后的市场失灵理论认为只有通过政府对市场的干预来改善市场失灵，政府职能就是市场失灵的领域。上述不同两派思想理论都认为政府职能包括：政治职能、社会职能和经济职能。其中，政治职能主要是指维护阶级统治、社会安定和国家安全的职能。社会职能是指管理社会事务的职责和功能，主要是向社会提供公共物品和公共服务。经济功能主要是组织和管理经济建设的职能。当前政府职能的转变使得社会管理职能越发重要，提供公共产品和公共服务是各国政府应尽的职责。

在中国，政府职能理论在马克思主义的影响下，从毛泽东时期注重政治职能和社会管理职能，到邓小平时期的强调政党分开和注重经济管理职能，再到党的十五大以来中国政府职能的转变，政府职能理论与时俱进，不断完善。当前，政府职能从总量上分析，主要是合理确定政府、市场、社会、企业各自的边界和范围；从结构上看，主要是政治职能、经济职能和社会职能的相互协调；从转变方向来看，政府职能主要是从经济建设职能转向公共服务职能。

二、社会救助的政府职能理论分析

从自由主义的政府职能来看，社会救助确保国内社会安定，属于政府的社会职能。从干预主义的政府职能来看，社会救助属于公共产品，同时也发挥调节收入和财富分配的职能。社会救助的提供是政府职能的体现，具体表现为：其一，政府是社会救助的主体，在社会救助中发挥着规划、统筹、管理、监督和最后责任承担者的功能，社会救助离不开政府。当前社会救助中的慈善参与也离不开政府提供的税收优惠、监督等。其二，在社会救助资金的筹集中，政府都承担着重要的责任。社会救助所需资金的筹集通过一般税、目的税或者其他非税方式，社会救助支出都纳入国家预算，通过转移支付等方式发挥着收入再分配的功能。社会救助的再分配功能就是政府通过财政手段进行的，即通过全体纳税人交税取得财政收入后用于社会救助项目，例如，低保补助金、公共住房等专门针对低收入家庭的补助。其三，社会救助服务的提供方式中，政府直接提供社会救助的传统方式和政府购买社会救助服务的新型方式都是政府职能的表现。另外，各国颁布的社会救助法律从制度上保证了国家和社会有责任保障公民的生存权。社会救助还是政府通过公共权力和公共资源实行的国民收入的再分配，是对贫困者的生存权利的维护，体现了政府对于社会公平和社会主义的追求。

第四节　基本公共服务均等化理论

一、基本公共服务均等化

基本公共服务均等化是指由政府提供的最基本的适应经济发展的公共产品和服务，是人们生存和发展的最基本条件的均等化，是社会公平正义的体现。其中，中国目前的基本公共服务包括四个依次递进的层次：首先是基本的民生性服务，包括就业、社会救助等，这是生存型的服务；其次是公共事业性服务，包括教育、医疗、卫生等；再次是公共公益型服务，包括环保、生态等；最后是公共安全性服务，包括社会稳定、生产和消费的安全等。后三个层次都是发展型的服务。这四个层次的服务被称为基本的公共服务，是每个公民生存必需的服务。均等化不是平均化，是指机会的均等。基本公共服务的均等化就是让每一个公民拥有享有这些服务的公平机会。中国目前的基本公共服务均等化只能选择最低标准的均等化。基本公共服务均等化在十六届六中全会提出后，成为经济社会发展的重要目标，也成为 2020 年全面建成小康社会的重要标志（如表 3－2 所示）。

表 3－2　相关会议关于基本公共服务均等化的表述

会议	内容
十六届六中全会	完善公共财政制度，逐步实现基本公共服务均等化
十七大报告	缩小区域发展差距，必须注重实现基本公共服务均等化，围绕推进基本公共服务均等化和主体功能区建设，完善公共财政体系
十七届三中全会	实现城乡基本公共服务均等化，逐步为农村居民提供基本的、大致均等的公共服务

续表

会议	内容
十八届三中	紧紧围绕更好保障和改善民生，推进基本公共服务均等化
十八届四中全会	制定公共文化服务保障法，促进基本公共文化服务标准化、均等化
十八届五中全会	增加公共服务供给，加强义务教育、就业服务、社会保障、基本医疗和公共卫生、公共文化、环境保护等基本公共服务，努力实现全覆盖

资料来源：笔者整理绘制。

由表 3 -2 可见，中国对于基本公共服务均等化目标的实现非常重视，关注其基本性、逐步性、连续性。基本公共服务均等化是“基本”的，是有其程度、有其底线限制的，也是分阶段逐步实现的。

二、社会救助的基本均等化理论分析

基本公共服务是以人的基本生存权和基本发展权为标准进行的范围界定，社会救助的目的就是为了满足基本生存权和发展权，属于基本公共服务。迈克尔·希尔（Michael Hill，2003）指出：基本公共服务的均等化必须要在满足贫困人口的需要之后才逐步实现。满足贫困人口需要最基本的公共产品就是社会救助。所以，社会救助是最基本的公共服务，是指贫困人口有机会获得政府提供的最低标准的生活必需品。从基本公共服务均等化的实现路径分析，转移支付手段是各国常用的效果最显著的手段之一。社会救助就是地区之间、不同收入群体之间的转移支付，其目的就是实现社会救助的均等化。社会救助的均等化是公共服务均等化的最低标准。社会救助的均等化表现为：不同区域的不同的人群在面临困难的时候都有机会享受社会救助。社会救助均等化的实现路径同样包括机会均等和结果均等。机会均等要求城乡居民均有机会获得社会救助的收入或服务支持，换句话说，城乡居民都应该被社会救助所覆盖；结果均等是指城乡居民所获得的社会救助在数量和质量上都应大体相等。社会救助的均等化就是缩小社会差别的重要手段和基本途径，能够凸显公平正义的社会价值诉求，成为和谐社会建设的重要内容。

第四章

中国社会救助财政支持的沿革及现状

第一节　不同历史阶段的中国社会救助财政支持解析

一、社会救助初创时期的财政支持解析

（一）1949～1977年中国社会救助初创时期

新中国成立后，经济崩溃加上自然灾害，政府为了保证贫民的生存问题、维护社会的稳定，开始对难民、灾民、失业人员和孤老残幼进行救济。当时社会救助的主要任务是贫困人口的生活问题，对于其他救助项目关注很少。20世纪50年代中期建立了“五保”制度（即保吃、穿、住、医、葬或教）。最早的社会救助的管理工作由内务部下的社会司和救济司主管，直到1978年民政部成立后开始负责社会救助。

（二）社会救助初创时期财政支持解析

1. 社会救助财政支持规模较小

财政支持的规模主要是通过社会救助的财政投入来体现。社会救助的财

政投入是指政府通过财政预算、财政拨款而形成社会救助资金。本节图表使用的数据如未标出数据来源则均来自历年《中国民政统计年鉴》。

新中国成立后，为了迅速发展经济，重点确保重工业优先发展，国家用于社会救助的资金较少。在当时“统收统支”的财政体制下，中央集权，地方无财力提供救济，所以，社会救助主要由中央统一安排。由于当时没有针对社会救济的统计数据，加上该时期的民政事业基本上是济贫扶贫，所以，我们用民政事业费代替社会救济支出即社会救济的财政投入。通过数量对比，如图4－1所示，社会救济支出①增长较慢，涨幅不大，而该期间财政支出的增速较快，社会救济支出没有与财政支出同步增长。

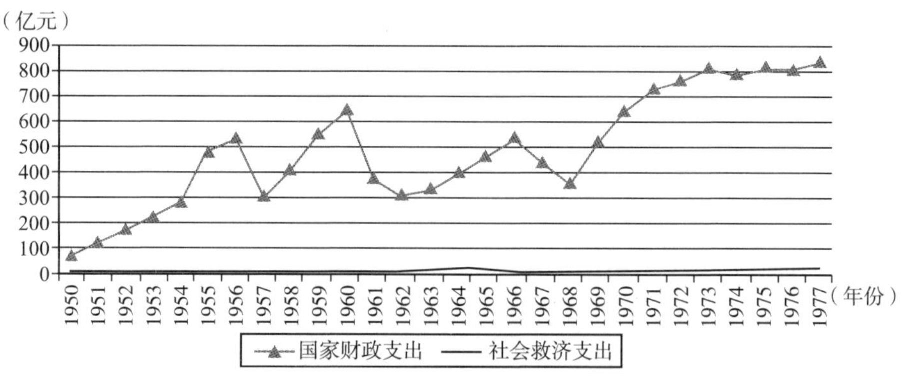

图4－1　1950～1977年社会救济支出与国家财政支出变化趋势

从社会救济支出占国家财政支出的比例来看，如图4－2所示，基本维持在1%～4%。最高是在1964年高达4.05%，最低是在1958年、1959年两年，分别为0.8%和0.81%。原因是在20世纪60年代初期，自然灾害导致农村和城市的贫困户大增，国家对社会救济的财政支持力度增加，具体包

① 该期间由于传统观念的影响，“社会救助”被称为“社会救济”，“社会救助”一词是在20世纪90年代才开始出现的。社会救济（助）支出就是国家财政支出中用于社会救济（助）的规模，实际上就是社会救助的财政投入规模。本书认为两者的概念一致。书中以后出现两词的含义相同，不再做解释。

括生产自救、收容遣送、安置闲散劳动力、增加投入等。从财政投入规模上看，社会救济支出占财政支出比重的年均增速为0.45%。

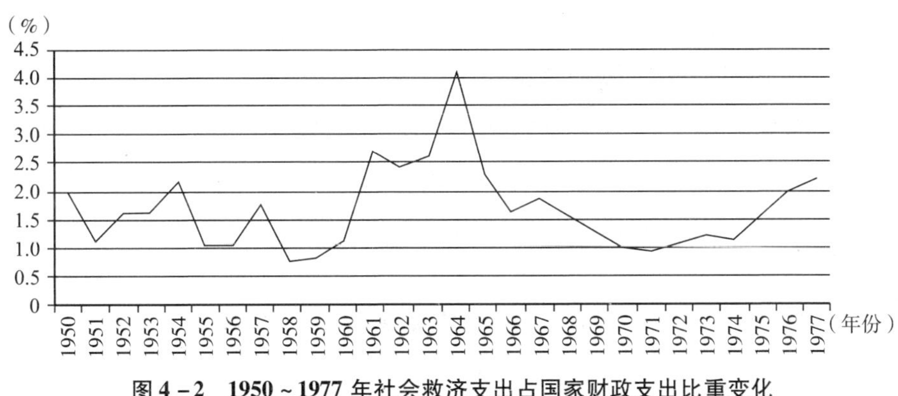

图4－2　1950～1977年社会救济支出占国家财政支出比重变化

2. 社会救助财政支持方式及结构多样化

由于当时实行的统收统支的财政体制，中央掌握着财政大权，地方无财权。因此，社会救助等公共产品的提供主要是中央。当时的财力有限且集中在经济建设上，相应的财政支持社会救助的力度较小。该期间的社会救济侧重保生存，救济水平较低，救济方式灵活。当时鼓励各经济单位承担本单位职工的社会救济责任，农村的社队为农民提供救济。20世纪50年代中期以后，中国的社会保障是以国家保障与单位（农村集体）保障为主，社会救济对象仅限于城市单位和农村集体保障之外的特殊边缘群体。

在财政支持方式和结构上，主要是发放救灾救济款和物资，例如拨出大量粮食实行救济。同时，当时社会救济的指导原则是自力更生，实行自救、自助、助人、以工代赈，以此减轻国家财政负担。社会救助呈现城乡二元化的特征。在城市，实行分类救济，对不同类型的人员给予不同的救济：无依无靠的孤老病残人员实行经常性救济、患病无力就医的则给予医药费救济、生活困难的失业工人或知识分子则在就业前给予临时救济、自谋生活出路或从事生产经营有困难的则给予生产资金补助，等等。在农村，贫困农民得到土地后基本解决了生活困难问题，对于受灾农民则采取发放救济款、组织群众互助互济以及减免农业税和公粮等多种措施进行救济。另外，在政府进行社会救济的同时，积极发动慈善捐赠，鼓励群众互助活动，维持困难群众基本生活，减轻国家的负担。

3. 社会救助财政支持的效益显著

在财政支持下，尽管该时期的社会救济是低水平的补救式保障，具有明显的突击性、紧急救助特征，但是在当时通过解决了贫困人口的生存问题达到了恢复经济、稳定政权的积极作用。

二、社会救助过渡和转型时期的财政支持解析

（一）1978～1999年社会救助的过渡和转型时期

解决温饱问题，成为该时期社会救助主要目标。1978年5月民政部成立，下设的农村社会救济司和城市社会救济司分别主管农村和城市的社会救济工作。社会救济的基本方针是“依靠群众、依靠集体、生产自救、互助互济、辅之以国家必要的救济和扶持”。在城市，社会救助制度逐步规范，1993年6月上海市率先建立城市居民最低生活保障制度，开始了解决城市贫困问题的探索。1999年9月，国务院颁布《城市居民最低生活保障条例》，这成为社会救助制度从残补型走向制度型的重要标志。在农村，社会救助的对象和范围也逐步扩大。

（二）社会救助财政支持解析

1. 社会救助财政支持规模低水平徘徊

社会救助支出在此期间不断增加，从1978年的4.4亿元增加到1999年的52.5亿元，年均增长率为11.93%。同期财政支出从1122.09亿元增长到13187.67亿元，年均增速为11.85%。社会救助支出的增长速度和财政支出的增长速度相差不多，如图4－3所示。

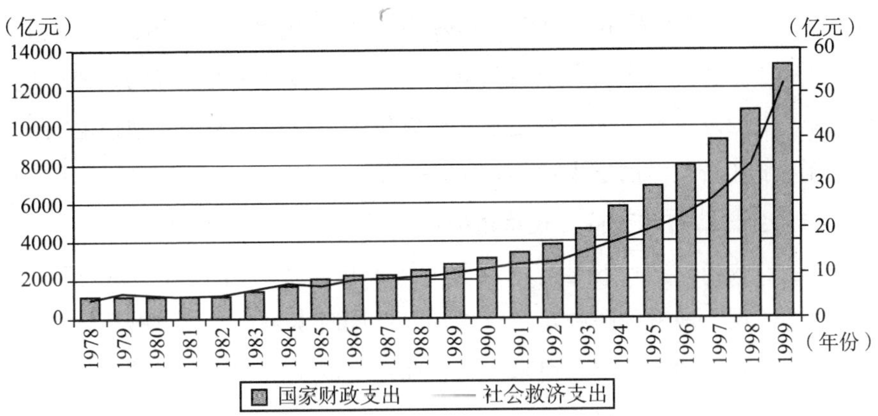

图 4－3　1978～1999 年社会救济支出与国家财政支出变化趋势

从相对值来看，在此期间，社会救济支出占财政支出的比重一直没有上升，而是在绝大多数年份处于下降的趋势，如图 4－4 所示，从 1978 年该比值为 0.39%，1984 年该值达到峰值为 0.47%，之后开始持续下降。到了 1999 年该比值为 0.4%。社会救助支出占财政支出比重的年均增速为 0.09%，增速较慢。

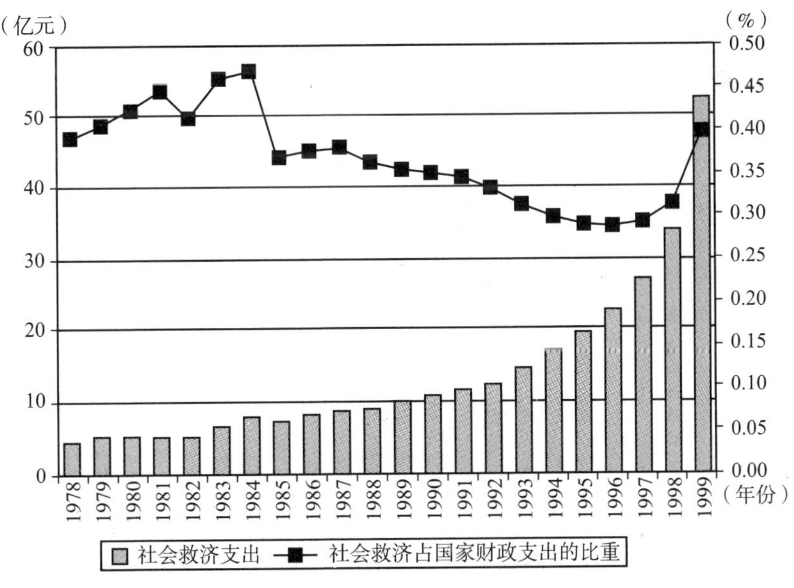

图 4－4　1978～1999 年社会救济支出及占国家财政支出的比重

从图 4－4 可以看出，1978～1999 年间，中国社会救济的支出稳定增长，但是社会救济支出占国家财政支出的比重却整体呈现下降的趋势。这主要是由于中国改革开放初期，国家集中发展经济，同期的经济建设的支出较多，而用于社会救济的支出比例较小。

2. 社会救助财政支持方式及结构单一

由于财政当时实行的是“财政包干”制度，1994 年后开始的分税制的效用还未体现，地方的财政自主权增加，但同时本来由中央政府拨款的项目全部由地方政府甚至基层政府来提供，而地方的支出责任大于其财力，致使由地方提供的社会救助供给不足。

从社会救助财政支持的方式及结构上看，城乡二元化的特征仍然明显。在农村，采取的主要救助措施是定期定量救济：对农村的特困户、病残、孤老等特殊人群间隔一定时间后给予一定数额的现金补助或食品等，保证其基本生活。国家对农村“五保”不再供养，由乡镇统筹负担。同时在农村组织了大规模的扶贫开发解决农村贫困人口的生存问题。1996 年 12 月，各地开始探索建立农村最低生活保障制度，比如：吉林、青海、河南等地出台文件管理农村低保工作，低保资金由从村提留和乡统筹中列支。在城市，当时出现的新贫困人口，如上山下乡后回城青年、退伍军人、待业青年、平反释放人员等，成为救助的重点。对城市中的下岗及减退老职工给予一定的固定补助金，对其他的特困人员则给予临时性救助，例如：灾民救济等。同时，部分省市试行城市贫困群体的社会救助制度。1997 年发布的《国务院关于在全国建立城市居民最低生活保障制度的通知》标志着社会救助制度法制化的开始，最低生活保障资金由地方各级人民政府列入财政预算，纳入社会救济专项资金支出科目，专账管理，专款专用。为了鼓励经济落后地区建立城市最低生活保障制度，从 1999 年起，中央财政开始对中西部地区和老工业基地实施城市低保资金专项转移支付制度。

3. 社会救助财政支持的效益一般

在国家财政支持下，该时期社会救助范围扩大，解决了改革开放和市场经济产生的贫困问题。但受到社会救助的传统思想影响，救助具有一定的

“恩赐”思想，救助的标准较低、范围较窄，是典型的“生存型社会救助”，与困难群众的实际需求有差距。

三、社会救助定型优化时期的财政支持解析

（一）2000 年以后社会救助定型优化时期

进入 21 世纪，国家公共财政建立、政府职能转变，“以人为本”的执政理念使得社会救助由最基本的生存保障转变为综合性全方位的城乡社会救助体系，社会救助逐步规范化、全面化。在以城市最低生活保障制度为核心的基础上，各专项社会救助法规不断出台。2006 年建立新的农村五保供养制度，2007 年 7 月建立农村最低生活保障制度，2006 年制定了自然灾害救助制度，2003 年 2 月建立农村大病医疗救助制度，2005 年 3 月建立城市医疗救助，2001 年和 2007 年分别建立农村义务教育和普通本科、高职院校的教育救助制度，2004 年和 2007 年分别制定了关于住房救助的制度。这些逐步建立和实行的专项社会救助制度最终体现在 2014 年 5 月 1 日《社会救助暂行办法》内容中，标志着中国构建了以最低生活保障、特困人员供养、受灾人员救助、医疗救助、教育救助、住房救助、就业救助、临时救助等八项制度为主体的社会救助制度体系。如图 4 – 5 所示。

在新型社会救助体系中，生活救助是最基本的救助项目，主要是维持救助对象的基本生活，包括最低生活保障和特困人员供养。而专项救助是有特定目标的项目，主要是为了提高救助对象的生活质量而进行的专项救助，包括医疗救助、教育救助、住房救助、就业救助。临时应急救助则主要是应对突发情况而进行的救助行为，包括受灾人员救助和临时救助。所以，生活救助是“基本”，专项救助是“目标”，而临时应急救助是“补充”，各自都发挥着不同的职能。新型社会救助体系的八项救助项目内容如表 4 – 1 所示。

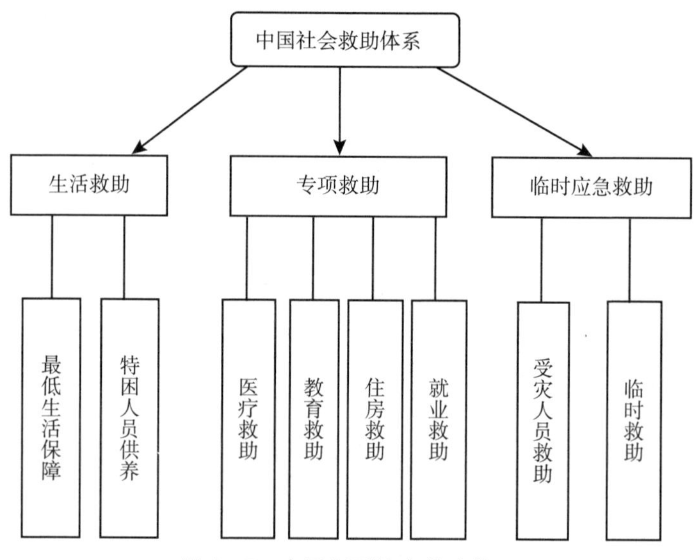

图 4-5 中国新型社会救助体系

表 4-1 中国新型社会救助体系的内容

救助内容	救助对象	救助方式
最低生活保障	共同生活的家庭成员人均收入低于当地最低生活保障标准，且符合当地最低生活保障家庭财产状况规定的家庭，给予最低生活保障	现金救济
特困人员供养	无劳动能力、无生活来源且无法定赡养、抚养、扶养义务人，或者其法定赡养、抚养、扶养义务人无赡养、抚养、扶养能力的老年人、残疾人以及未满 16 周岁的未成年人，给予特困人员供养	基本生活条件、疾病治疗、办理丧葬事宜
医疗救助	最低生活保障家庭成员；特困供养人员；县级以上人民政府规定的其他特殊困难人员	给予补贴参加医疗保险；经医疗保险报销后的自负部分超过个人支付能力的给予补助
教育救助	在义务教育阶段就学的最低生活保障家庭成员、特困供养人员，给予教育救助	减免相关费用、发放助学金、给予生活补助、安排勤工助学

续表

救助内容	救助对象	救助方式
住房救助	国家对符合规定标准的住房困难的最低生活保障家庭、分散供养的特困人员，给予住房救助	配租公共租赁住房、发放住房租赁补贴、农村危房改造
就业救助	最低生活保障家庭中有劳动能力并处于失业状态的成员，给予就业救助	贷款贴息、社会保险补贴、岗位补贴、培训补贴、费用减免、公益性岗位安置
临时救助	因火灾、交通事故等意外事件，家庭成员突发重大疾病等原因，导致基本生活暂时出现严重困难的家庭，或者因生活必需支出突然增加超出家庭承受能力，导致基本生活暂时出现严重困难的最低生活保障家庭，以及遭遇其他特殊困难的家庭，给予临时救助	生活照料
受灾人员救助	基本生活受到自然灾害严重影响的人员，提供生活救助	生活救助

资料来源：笔者整理得出。

（二）社会救助财政支持解析

1. 社会救助财政支持规模增长较快

由于救助内容逐渐增多，各种救助项目的财政支持规模都增加。如图 4 -6 所示，社会救助支出和财政支出的发展变化趋势一样，都是不断增长的。2000 年国家财政支出 15886. 5 亿元，社会救助支出 65. 4 亿元。到了 2016 年国家财政支出达 160351 亿元左右，社会救助支出达 2492. 8 亿元。该期间财政支出的年均增速为 14. 56%，而社会救助支出的年均增速则为 23. 88%，社会救助支出的年均增长速度明显超出财政支出的年均增长速度，超出 9. 32%。

从相对量上看，如图 4 -7 所示，社会救助支出占财政支出的比重整体上呈上升趋势，从 2000 年的 0. 41% 上升到 2016 年的 1. 55%，年均增速 8. 67%。

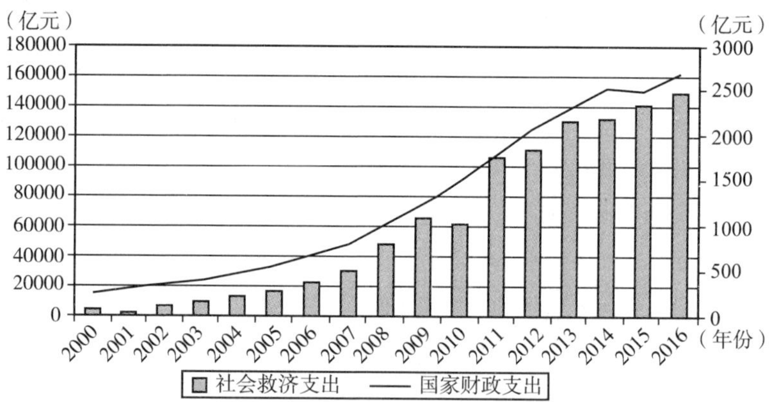

图 4-6 2000~2016 年社会救助支出与国家财政支出绝对量的变化趋势

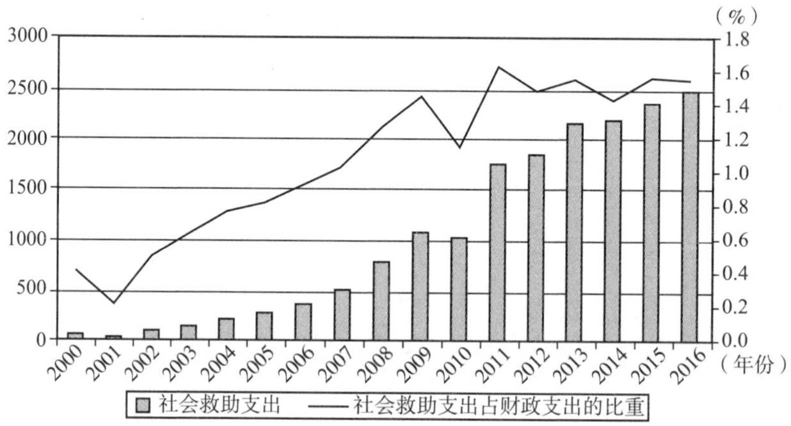

图 4-7 2000~2016 年社会救助支出及占财政支出的比重

2. 社会救助财政支持方式及结构逐步多样化

1994 年分税制的优势逐步体现，中央政府的宏观调控能力增强的同时对于地方的激励和控制也加强了。但分税制的弊端是对政府间的职能未进行合理的划分，再加上分税制后省以下的管理体制改革不到位、政府间转移支付不规范，使得社会救助在内的公共产品的供给与其财力不匹配，出现了供给不足的现象。

从社会救助财政支持的方式和结构上看：财政支持的方式从现金救助开始逐步发展为现金、实物、服务等，开始出现了政府购买社会救助服务的新方式。从财政支持的结构上看，用于发展型的专项救助项目如教育救助、医疗救助、就业救助的财政投入不断增加，同时城乡救助的差异逐渐减小。

3. 社会救助财政支持的效益凸显

在不断加大财政支持的背景下，新型社会救助体系的建立适应了新形势下贫困人口的多种诉求，能够满足贫困人口的服务，有助于基本公共服务均等化的实现。

综上所述，社会救助发展至今，不同历史阶段其财政支持的表现不同。可以说第一阶段是社会救助的初步建立阶段，社会救助初步得到党和政府的重视，但鉴于当时的经济发展水平不高和财政投入有限，社会救助支出/财政支出的年均增长率较慢，仅为0.45%左右，只能实现救灾救济型的社会救助。第二阶段是社会救助的改革和重构阶段，在市场经济下，贫困的社会原因更加明显，社会救助的作用也更加重要。但是该阶段社会救助支出/财政支出的年均增长率较慢，仅为0.09%。主要原因是国家以经济建设职能为主，用于民生的财政投入少。另外，当时的社会保障以社会保险为重心，社会救助的水平低、救助项目少，相应财政投入相对较少。而第三阶段才是社会救助全面发展完善的阶段，在公共财政影响下，社会救助作为公共财政的重要内容，地位提升到全新的高度，社会救助逐步规范化、全面化。此时期，社会救助支出的年均增长率达到23.88%，财政支出的年均增长率为14.56%，社会救助支出增长率高出财政支出增长率9.32%，社会救助支出/财政支出的年均增长率为8.67%，说明国家财政支出用于社会救助的比例大大增加。这与该时期国家公共财政的建立、政府职能的转变和“以人为本”的执政理念紧密相关，不断提高的社会救助水平、扩大的社会救助项目都使得社会救助的财政投入不断增加。

第二节　中国社会救助财政支持的现状

一、社会救助财政支持规模不断增加

进入21世纪后，覆盖城乡的新型社会救助体系逐步建立，新型社会救

助制度逐步规范化、体系化、定型化。由于国家财政支持力度的不断增加，社会救助的人数也不断增加。2018 年全国民政工作会议指出：截至 2017 年 9 月底，城乡低保救助对象 5402 万人，财政累计投入为 120 亿元；全国共有特困人员 503. 2 万人，财政累计投入资金 197. 6 亿元；共实施临时救助 477. 6 万人次，财政投入资金 46. 6 亿元，临时救助水平为 975 元/人次；实施医疗救助 5051. 3 万人次，财政投入资金 84. 7 亿元。从社会救助项目的财政投入上看，用于特困人员的财政资金最多，其次是医疗救助的财政投入，城乡低保救助的财政投入位于第三，财政投入最少的是临时救助。从社会救助人数上看，得到救助人数最多的是城乡低保对象，其次是特困人员，之后是医疗救助，临时救助是最少。尽管 2003 年开始建立农村医疗救助，但是由于医疗救助的特殊性即不可预测性和医疗费用的不可控性，救助人数和其财政支出不断增加。临时救助的救助人数和财政支出规模都较小。如图 4 - 8 所示。

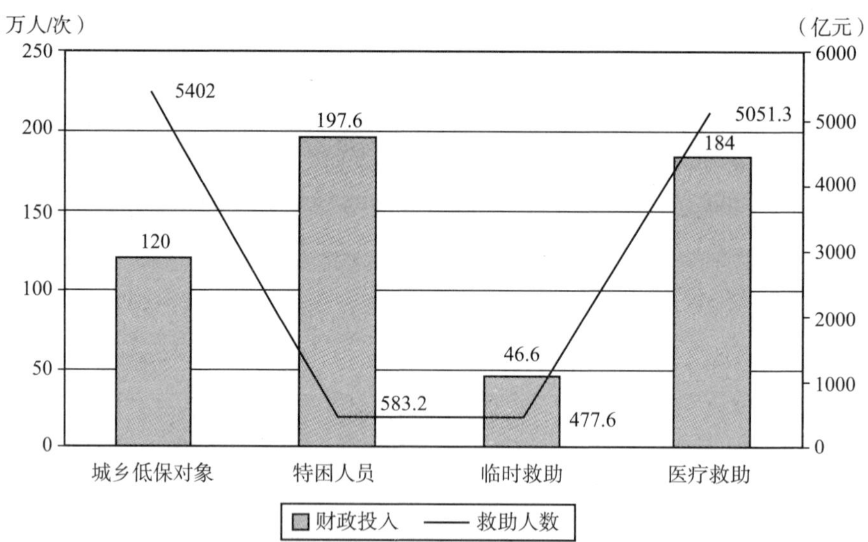

图 4 - 8　2017 年中国社会救助项目财政投入规模、救助人数对比

二、社会救助财政支持方式逐步多样

（一）基本生活救助和各种专项救助相结合

目前中国的城乡居民最低生活保障和特困户供养是基本的生活救助项目，这两个项目是建立时间最早的项目，其目的就是给予贫困户现金补助保证其基本生活。由于经济社会的发展，导致贫困的原因越来越多，“因病致贫”等现象频发，各种专项救助项目也相继出现，更好地满足贫困人口的多种需求。

（二）现金救助和服务救助相结合

现金救助是最直接的救助方式，也是中国主要的救助手段，救助者根据自己的需要进行支配救助资金。服务救助就是通过提供各种服务来满足贫困人口的需要，比如医疗救助服务、住房救助、教育救助等，虽然无现金，但可以通过提供各种服务来减轻贫困人口的生活负担。

（三）生存救助和发展救助相结合

社会救助的初始目的是保生存，在人们遇到困难的时候能够通过社会救助渡过难关。但随着经济的发展，贫困人口在得到基本生活救助之后并没有脱离救助，反而出现了“贫困陷阱”——有劳动能力的贫困人口宁愿接受社会救助也不愿意去寻找工作，这与社会救助的制度设计缺陷有关。原因一是社会救助金的领取“门槛”太低，原因二是政府提供的社会救助项目中没有给予救助人口更多的就业能力的提高而促使其努力工作。所以，更多的发展救助项目是让贫困者在医疗、教育、就业、住房等方面的条件改善后能够主动去寻找工作。

（四）财政直接投入与间接引导相结合

对于社会救助的财政支持除了体现为每年财政投入的增加外，国家还充分利用税收优惠和政府购买等其他方式间接加大对社会救助的支持。

（1）利用税收优惠政策鼓励社会力量参与社会救助。在城乡低保救助上，通过财税优惠政策，鼓励和引导社会力量提供捐赠和资助，多渠道筹集城乡低保资金。在教育救助上，国家助学贷款享受财政优惠政策。在住房救助中，公共租赁住房筹集、发放低收入住房困难家庭租赁补贴、农村危房改造的财税、金融和用地等优惠政策，为实施住房救助提供有力支持。《财政部 住房城乡建设部关于下达2017年农村危房改造补助资金的通知》指出：2017年中央财政共下达农村危房改造补助资金266.45亿元，支持完成贫困农户危房改造任务190.45万户。

（2）政府购买社会救助服务。《关于积极推行政府购买服务 加强基层社会救助经办服务能力的意见》提出“十三五”时期全面推行政府购买社会救助。鼓励通过政府和社会资本合作（PPP）模式、政府购买服务、慈善捐赠、志愿服务等方式，鼓励、引导、支持社会力量参与特困人员救助供养工作。

三、社会救助财政分级负担机制形成

社会救助一直是政府的重要职能，在明确民政部门的主管责任后，财政、教育、卫生、住房和城乡建设等部门负责相应救助项目的管理。各级政府逐步把社会救助经费列入了年度财政预算，通过各级民政部门把救助资金发放给救助对象。就中央与地方政府的社会救助管理中的职责而言，中国的社会救助事务属于地方政府职责范畴，即地方政府有责任救助当地的贫困人口。中国出台的各项救助政策对于社会救助的资金来源有了较为明确的规定，绝大多数项目是地方负责，尤其是县级政府直接担负社会救助的入户调查、资产和材料审核等职责。社会救助这一公共产品的外溢性决定了地方不可能完全负担社会救助责任，中央需要通过财政转移支付的方式来承担财政责任。具体表现为：在特困人员供养上，救助资金实行省级统筹，县级列入当地财政预算，中央财政给予适当补助，实行专项转移支付。在受灾人员救助上，中央制定了特大自然灾害补助金。在住房救助上，中央政府“对中西部财政困难地区，按照中央预算内投资补助和中央财政廉租住房保障专项补助资金的有关规定给予支持”。在临时救助上，地方将临时救助资金列入财政预算、省级加大投入、中央给予补助。如图4－9所示。

项目	财政政策规定
最低生活保障	《城乡最低生活保障资金管理办法》规定：各级财政部门应将城乡低保资金纳入同级财政预算
特困人员供养	《关于进一步健全特困人员救助供养制度的意见》规定：特困人员救助供养补助资金纳入困难群众基本生活救助补助资金专项转移支付，并将供养服务机构运转费用列入财政预算。县级以上政府要将所需资金列入财政预算。省级人民政府优化财政支出结构，统筹安排特困人员救助供养资金。中央财政给予适当补助
医疗救助	《城乡医疗救助基金管理办法》规定：地方各级财政部门每年根据本地区开展城乡医疗救助工作的实际需要，按照预算管理的相关规定，在年初公共财政预算和彩票公益金中安排的城乡医疗救助资金
教育救助	《关于进一步做好城乡特殊困难未成年人教育救助工作的通知》《关于建立健全普通本科高校高等职业教育学校和中等职业学校家庭经济困难学生资助政策体系的意见》等规定：国家助学金所需资金由中央与地方按照国家励志奖学金的资金分担办法共同承担。省（区、市）以下分担比例由各地根据中央确定的原则自行确定
住房救助	《住房城乡建设部　民政部　财政部关于做好住房救助有关工作的通知》《廉租住房保障办法》规定：住房救助资金主要由城市（市、县包括县城关镇）所在地政府承担责任。中央政府对中西部财政困难地区，按照中央预算内投资补助和中央财政廉租住房保障专项补助资金的有关规定给予支持
就业救助	《就业促进法》规定：各级人民政府建立健全就业援助制度，对就业困难人员实行优先扶持和重点帮助
灾害人员救助	《自然灾害生活救助资金管理暂行办法》规定：各级财政部门要根据常年灾情和财力可能编制自然灾害生活救助资金年度预算，并在执行中根据灾情程度进行调整。中央和地方各级财政都安排救灾资金预算，中央财政每年根据上年度实际支出安排特大自然灾害救济补助资金，专项用于帮助解决严重受灾地区群众的基本生活困难。另外，中央和地方各级财政安排预备费
临时救助	《关于全面建立临时救助制度的通知》规定：地方各级人民政府要将临时救助资金列入财政预算；省级人民政府要优化财政支出结构，切实加大临时救助资金投入；城乡居民最低生活保障资金有结余的地方，可安排部分资金用于最低生活保障对象的临时救助支出

图 4－9　中国八大社会救助项目的财政政策规定汇总

资料来源：笔者整理得出。

四、社会救助财政资金纳入预算

目前，中国各项社会救助项目的资金都纳入了财政预算，绝大多数是纳入了地方政府预算。在城乡低保救助上：资金纳入同级财政预算，包括低保的工作经费也纳入预算。在受灾人员救助上：依据常年灾情和本地财政收入把受灾人员救助金纳入年度预算，中央和地方把受灾预备费每年纳入预算。在城乡医疗救助上：纳入地方各级财政部门预算，同时可以从彩票公益金中划拨部分。在教育救助上：中小学教育救助由县级政府为主安排资金、中等职业的教育救助资金由中央与地方共同承担，西部、中部和东部三地区中央和地方负担比例不同；高等教育的教育救助资金根据项目不同中央和地方负担比例不同，例如，国家奖学金完全由中央财政负担，国家励志奖学金和国家助学金则是中央与地方共同出资、共同承担。在就业救助上：各级人民政府建立健全就业援助制度，对就业困难人员实行优先扶持和重点帮助。在临时救助上：地方将临时救助资金列入财政预算，省级加大投入，中央财政对地方实施临时救助给予适当补助，重点向救助任务重、财政困难、工作成效突出的地区倾斜。

第三节　中国社会救助财政支持存在的问题

一、社会救助财政支持规模偏小

分析社会救助财政支持规模时，本节使用社会救助支出代替。社会救助支出就是指财政支出中用于社会救助的部分，就是国家对社会救助的财政投入。社会救助支出的规模，是指社会救助支出的总额，衡量的是政府支配了多少经济资源用于社会救助，体现了政府对于社会救助的干预程度。本节中的社会救助不包括灾害救助，因为灾害的偶发性会影响社会救助支出规模的变化规律。

（一）社会救助支出占 GDP 的比重太小

社会救助支出占国内生产总值（GDP）的比重是社会救助水平的反映。如图 4－10 所示，1986～2016 年随着 GDP 的不断增加，社会救助支出的规模也不断在增加。社会救助支出/GDP 的比重也在增加，从 0.08% 增长到 0.34%，最高是 2013 年达 0.37%。但从整体上看，社会救助支出占 GDP 比重较低。

图 4－10　1986～2016 年中国社会救助支出与 GDP 数量变化趋势

（二）社会救助支出占财政支出的比重偏小

社会救助支出属于财政支出的一部分，反映了财政支出的方向和重点。如图 4－11 所示，近 20 年来，从绝对数量上看，中国社会救助支出随财政支出的增长而不断增加，呈明显的上升趋势，与财政支出同方向变化，社会救助支出从 1986 年的 8.3 亿元增长到 2016 年的 2492.8 亿元。

但是从相对数量上看，如图 4－12 所示，社会救助支出/财政的比重明显偏低，2011 年该比值最高，达到 1.62%，之后几年又开始下降，2016 年仅为 1.55%。

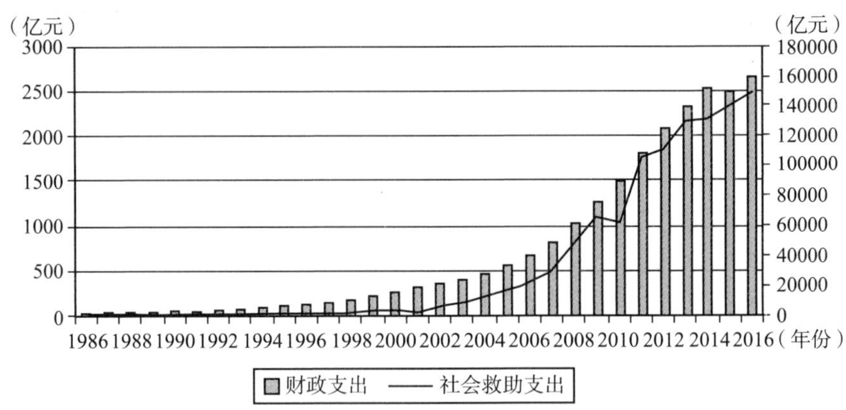

图 4－11　2005～2016 年中国社会救助支出与财政支出变化趋势

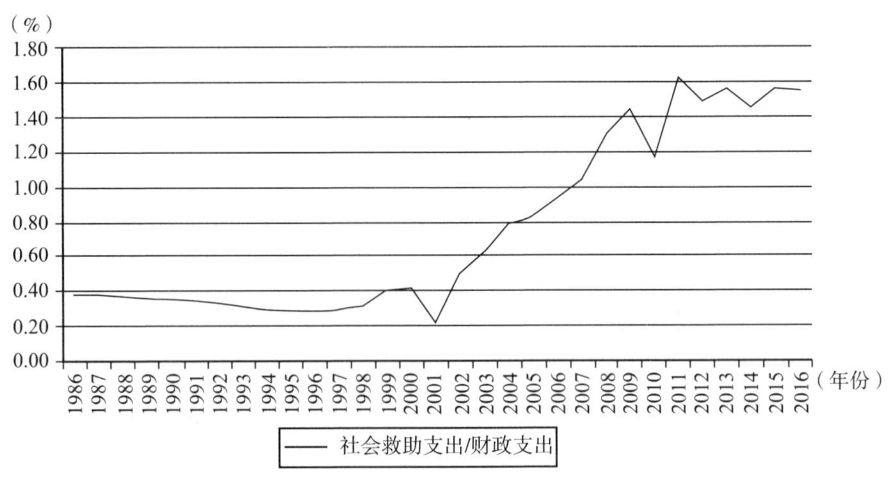

图 4－12　2005～2016 年中国社会救助支出占财政支出比重变化

（三）社会救助支出占社会保障支出的比重太小

社会保障包括社会救助、社会保险、社会福利三大部分，所以财政用于社会保障的支出包括社会救助支出、社会保险支出和社会福利支出。如图 4－13 所示，2008～2015 年，财政支出中用于社会保险基金[①]的补助增长最快，数

① 社会保险基金一般情况下实行以收定支，收支平衡的财务管理制度，财政在社会保险收不抵支时给予补助。

额最大，远远高于财政对于其他救助项目的投入。财政支出中用于就业补助、城市居民最低生活保障、农村最低生活保障等社会救助的增幅较慢，变化不大，且远远小于财政对于社会保险基金的补助投入。

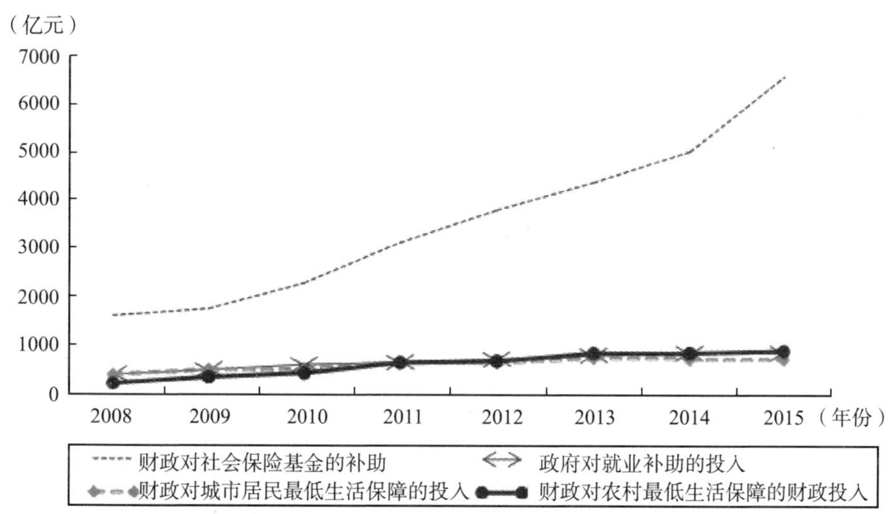

图 4－13　2008～2015 年财政用于社会保障项目的趋势变化

资料来源：2016 年《中国财政年鉴》。

所以，在 2008～2015 年间，从社会救助支出与财政支出的关系来看，财政支出规模不断增加，用于社会救助的规模也不断增加，但是财政支出用于社会救助的比重仍然较小。而财政对于社会保险基金的补助支出规模远高于社会救助的支出，体现中国财政支出“重社会保险，轻社会救助”的现实。

社会保障支出包括对于社会保险的补助支出、社会救助支出、社会福利支出等项目，社会救助支出只是社会保障支出中的一部分。如图 4－14 所示，2008～2015 年期间，在社会保障总支出中，社会保险支出和社会救助支出都呈现逐年上升的趋势。但是，社会保障支出的增长速度要高于社会保险支出和社会救助支出的增长速度，而且社会保险的支出速度要高于社会救助的支出速度，社会救助支出的增长速度较慢，远不及社会保障支出的增长速度和社会保险支出的增长速度。社会保险支出占社会保障总支出的比重最大，近年来达到30%，而社会救助支出仅为16%左右。所以，中国当前社会保障支出总额中用于社会保险的比例远大于社会救助的比例。

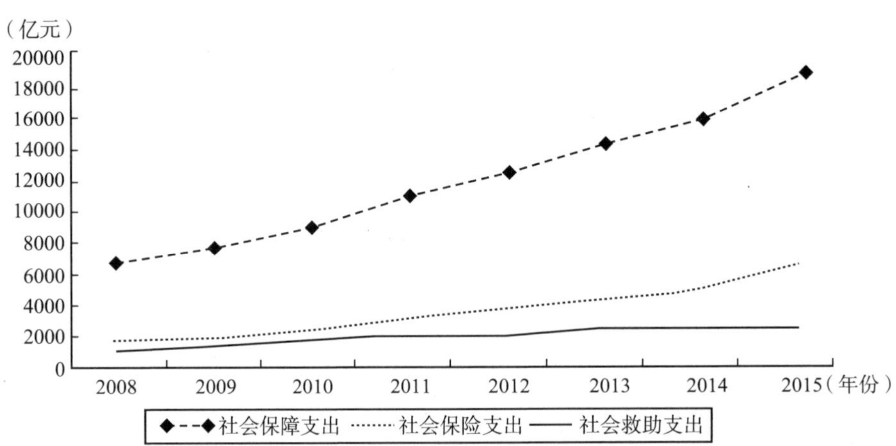

图4-14　2008~2015年社会保障、社会保险和社会救助支出变化

注：此处社会救助的支出包括：就业补助、城市居民最低生活保障和农村最低生活保障的支出。

数据来源：《中国财政年鉴》。《中国财政年鉴》计算出的社会救助支出与《中国民政统计年鉴》的社会救助支出略有出入。

所以，从规模上看，目前中国社会救助支出仍然较低。通过社会救助支出与GDP、财政支出和社会保障支出三者的对比来看，社会救助支出增长速度落后于GDP的增长速度，同样落后于财政支出的增长速度，也同样落后于社会保障支出的增长速度。在中国经济社会不断发展和社会救助体系不断完善的情况下，中国社会救助财政投入偏低的基本格局还没有得到根本的改变，公共财政的增长机制与社会救助的制度建设并没有同步进行。

社会救助由单项制度建设发端，逐步推进，从而建立起涵盖人民生活的多方面多角度的新型社会救助体系。21世纪后，公共财政的建立使中国社会保障工作重心发生变化，国家投入了大量补助资金，在城乡范围内建立起基本的养老保险、医疗保险等社会保险，所以中国社会保险补助支出成为社会保障支出增量部分的重点，社会保险的财政投入比例增加，而社会救助的财政投入比例下降。

二、社会救助财政支持结构不合理

社会救助支出①结构，是指在社会救助支出中各类救助项目支出所占的比重，反映了政府财政支持的重点和内容。鉴于自然灾害发生的偶然性和其他救助项目数据的不连续性，本书认为中国的社会救助支出主要由城乡最低生活保障支出、医疗救助支出、农村五保供养支出三部分组成。财政支持结构不合理主要是通过社会救助财政支持的项目内容、支持对象、中央和地方的财政支持责任划分、支持区域四个方面进行分析。

（一）社会救助项目内容的财政支持比较分析

1. 最低生活保障的财政投入大于医疗救助的财政投入

当前，中国社会救助中用于保生存的项目——城乡低保的占比大，城乡低保是社会救助的主体。在中国，由于各项救助项目建立的时间不同，各救助项目的财政支持规模不一。例如，1999 年最早开始建立的城市居民最低生活保障，其财政投入规模 2014 年最高达到 721.7 亿元。农村最低生活保障的财政投入不断逐步增加，在 2011 年后其财政投入规模超过城市低保，增幅较快，2016 年为 1014.5 亿元。医疗救助的财政投入规模较小但一直处于平稳增长趋势，2016 年达到 332.3 亿元，如图 4 – 15 所示。

从占比情况看，在社会救助财政投入总额中，城市低保占比整体呈现下降趋势，从 2004 年的 77.24% 下降到 2016 年的 27.60%；而农村低保占比总体呈上升的趋势，在 2010 年的最高值 43.12% 后开始下降，2016 年为 40.70%。医疗救助近几年呈稳步上升的趋势，从 2004 年的 1.43% 上升到 2016 年的 13.33%。所以，从社会救助财政投入各项目的占比看，在医疗救助占比稳定增长的前提下，城市和农村低保的财政投入差距逐渐缩小，但

① 社会救助支出就是社会救助的财政投入。本书以后论述中两者的含义相同。

2011 年后差距又开始增大。如图 4 – 16 所示。

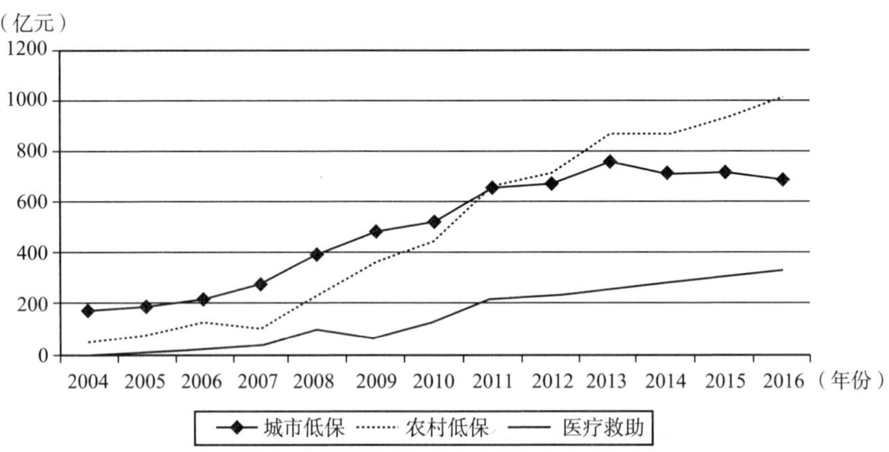

图 4 – 15　2004 ~ 2016 年社会救助各项目财政投入总额变化

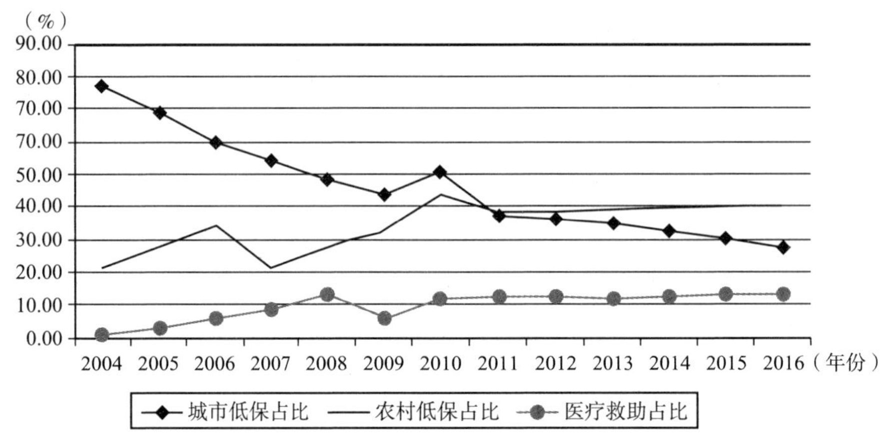

图 4 – 16　2001 ~ 2016 年社会救助各项目财政投入占比变化

资料来源：历年《中国民政统计年鉴》。

2. 城市社会救助水平高于农村社会救助水平

以最低生活保障为例，通过对比城市和农村最低生活保障的标准进行分析，标准越高代表着国家财政投入越多，反之亦然。2007 ~ 2016 年，城市居民最低生活保障标准远高于农村。可见，社会救助财政投入用于城市低保的部分要远远大于农村低保部分。另外，目前各类专项救助项目也倾向于城市，各救助项目的救助水平也高于农村，如图 4－17 所示。

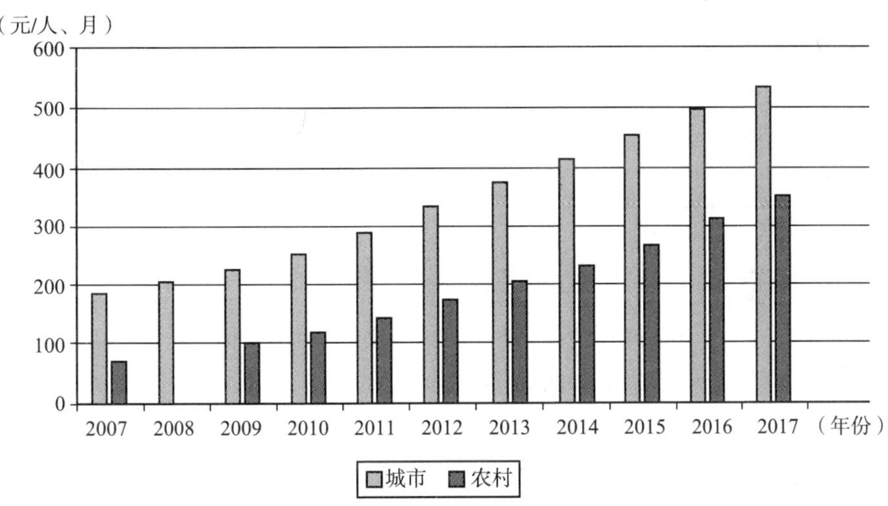

图 4－17　2007～2017 年城市和农村居民最低生活保障标准对比

3. 就业救助占财政支出的比例小

中国就业救助占比较小。目前就业救助包括：就业信息、职业技能培训、创业扶持等，但都具有随机性、临时性的特点。由于就业救助的非常态化，大量有劳动能力的贫困人口经常处于失业状态，陷入贫困。2007～2015 年就业补助占财政支出的比重呈下降趋势，大约维持在 0.6%。可见，财政对于就业救助的投入很少，如图 4－18 所示。

4. “救急难”占社会救助的比例小

中国社会救助体系不断健全后，救助的覆盖人数不断增加、救助项目不断增多、救助水平不断提高。但现实中总有部分人因为遭遇各种不测：如重大疾病、紧急或意外事件等原因而陷入生存困境，这些人群或是无法享受低保制度而无法享受其他救助，或者是参加了社会保险之后负担仍然较重，从而靠自身无法改变困境。这就需要政府的“救急难”的帮助，救助的对象

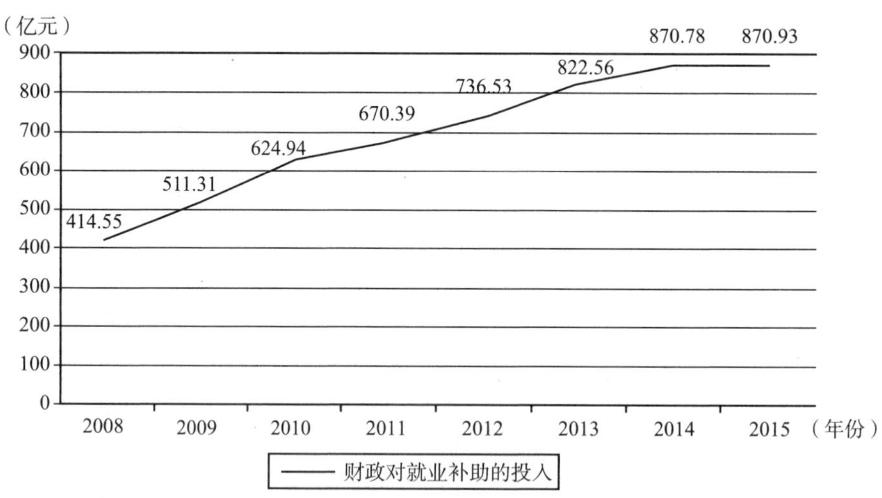

图 4-18　2007～2015 年就业救助占财政支出的比重

资料来源：2016 年《中国财政年鉴》。

也包括非户籍常住人口。2014 年前《中国民政统计年鉴》中只有临时救助项目、人次的统计而无临时救助支出统计，2015 年之后的《中国民政统计年鉴》开始有临时救助支出的统计数据。如表 4-2 所示，2014 年支出临时救助资金 57.6 亿元，社会救助总支出 2197.5 亿元，临时救助支出占社会救助总支出的 2.62%，比例较小。

表 4-2　临时救助支出与社会救助支出的对比

年份	2014	2015	2016
临时救助支出（亿元）	57.6	106.2	131.08
社会救助支出（亿元）	2197.5	2347.3	2492.7
临时救助支出/社会救助支出（%）	2.62	4.52	5.26

所以，目前中国社会救助的各个项目财政投入结构不合理。传统的社会救助项目——最低生活保障的发展已经较为完备，财政投入较多。但建

立时间较晚的医疗救助、教育救助、住房救助、临时救助则发展相对滞后，覆盖面较窄，财政投入不足，与城乡居民的实际需求仍存在一定的偏差。

（二）社会救助对象的比较分析

1. 医疗救助享受对象最多

如图 4－19 所示，2008～2016 年，社会救助对象规模最大的是享受医疗救助人群，医疗救助人数包括直接医疗救助的人次和资助参加基本医疗保险的人数，一直呈增长态势。从 2008 年的 5278.6 万人次增长到 2016 年的 8256.1 万人次。城市居民最低生活保障对象人数开始减少，从 2008 年的 2334.8 万人减少到 2016 年的 1480.2 万人，有下降的趋势。农村最低生活保障人数先涨后落，2008 年开始人数不断增加，2014 年人数开始回落。救助人数最少的是特困户供养，2012 年以前只包括农村特困人员，2012 年及以后开始包括城市特困人员，一直维持在 500 万人左右。所以，目前中国社会救助的对象主要是享受医疗救助人员，城市低保人数和农村低保人数开始稳定。

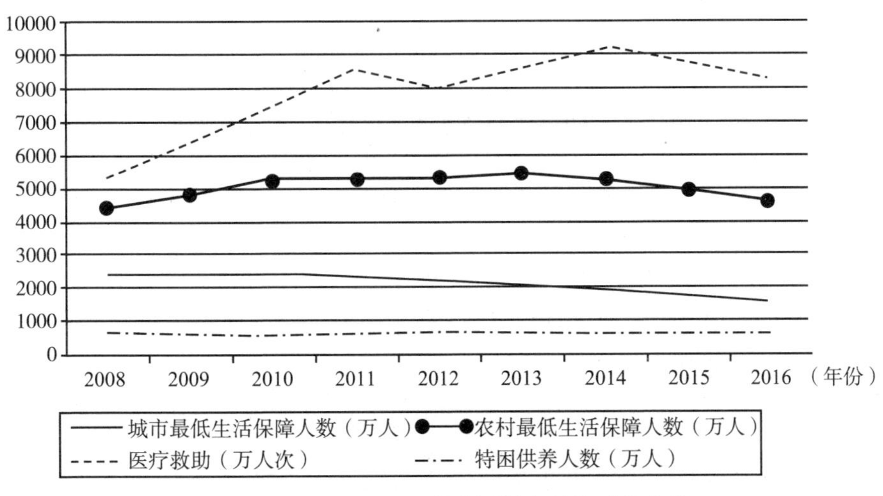

图 4－19　2008～2016 年中国社会救助对象分类

2. 社会救助对象中成年人占比较大

以城市低保救助对象为例，城市低保对象中成年人的占比最大，在60%以上，一直较为稳定。未成年人的占比也较大，2008年达到最大为25.17%后开始下降。老年人口的占比逐年增加，从2007年的13.13%增长到2016年的17.43%。所以，随着老年人口的增加，需要接受低保的老年人口会继续增加。与此同时，近年来残疾人占比呈缓慢上升趋势，从2007年的7.09%增长到了2016年的10.57%。所以，社会救助对象中成年人占比最大，老年人和残疾人的占比不断增加。如图4-20所示。

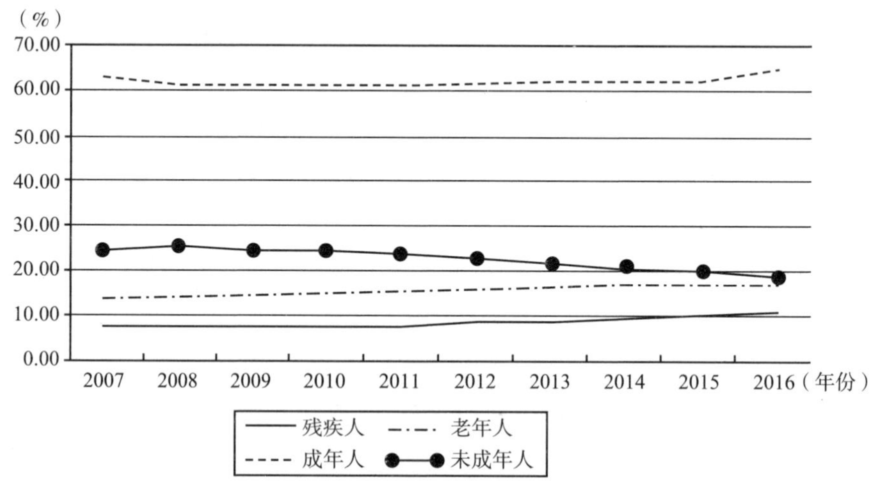

图4-20 2007~2016年城市低保救助人员类别构成

（三）中央和地方各级政府的社会救助财政投入比较分析

以2016年中央和地方在社会救助预算的差别来反映中央和地方社会救助财政投入的情况。数据来源于2017年《中国民政统计年鉴》。

1. 中央和地方财政投入关系

从绝对量看，如图4-21所示，2016年社会救助预算中，省及以下社会救助预算规模高于中央预算规模，这在31个省区市中都有体现。这显示中国社会救助是以地方财政为主、中央财政为辅的支出结构。

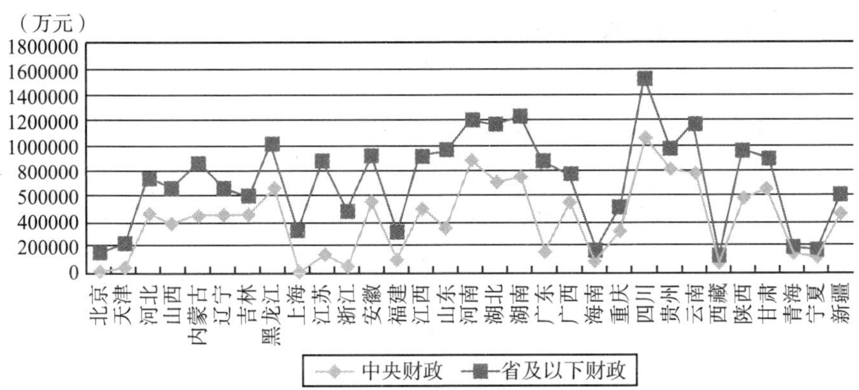

图 4－21　2016 年各省区市中央和地方社会救助预算变化

从相对量看，如图 4－22 所示，2016 年社会救助预算中，中央和省以下占比在 31 个省区市表现不同。中央预算占比较高的省区市有：河北、山西、吉林、河南、广西、海南、重庆、四川等地。相反，其他省区市则地方预算占比高于中央预算，如北京、天津、上海、江苏、广东等经济发达地区，社会救助预算中地方即省及以下财政投入占比较大。这说明在中国经济不发达地区社会救助财政的中央财政投入大于地方财政投入，而经济发达地区的地方财政投入大于中央财政投入。

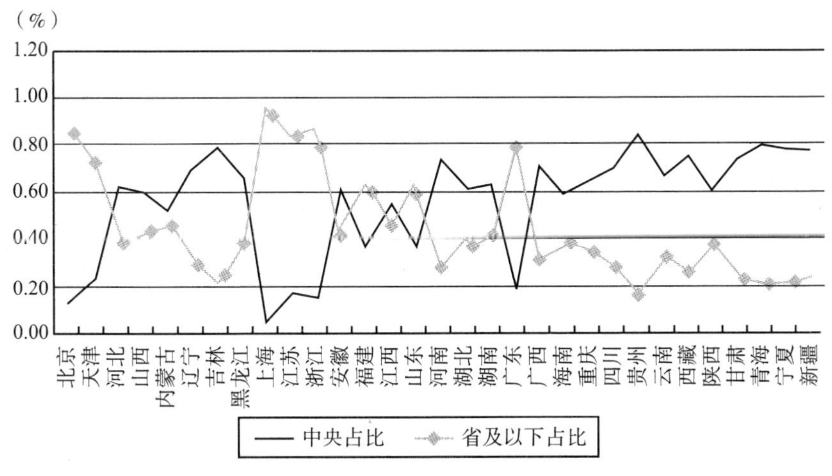

图 4－22　2016 年各省区市社会救助预算中央和地方财政投入占比

2. 省及以下地方政府财政投入关系

再接下来分析省及以下地方政府对社会救助财政投入的关系。从绝对数量上看，如图 4 - 23 所示，市级政府预算规模变化不大，31 省区市差别不大，但省级预算和县级预算在 31 省区市差别较大。县级政府预算规模最大的是江苏，其次是山东和四川，县级政府预算规模最小的是青海、宁夏、新疆等。

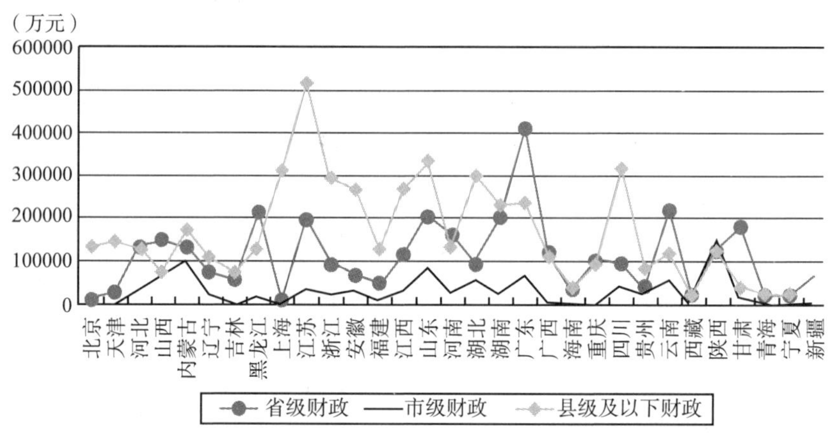

图 4 - 23　2016 年各省区市社会救助财政投入趋势

从相对规模来看，在 31 个省区市社会救助的财政投入中，省、市、县级财政负担比例不一。如图 4 - 24 所示，市级财政负担比例最少，这在各省中有共性。但是省级和县级财政投入中，县级财政负担比例较高的省份居多。只有少数省区市，例如：陕西、广东、云南、甘肃，这几个省份的省级社会救助财政比重高于县级财政投入。所以，整体看，在省及以下地方政府的财政投入中，县级财政投入最多、省级财政投入较多、市级财政投入最少。

由此可见，目前中国社会救助的各级财政支出责任尚未理顺。1994 年分税制改革之后财政收入向中央集中，而支出责任向地方集中的情况下，地方政府财政存在较大的支出压力，虽然中央通过转移支付的方式对部分困难地方财政进行补助，但仍未形成规范、科学、制度化的政府间转移支付机制，究竟如何合理划分中央政府、省级政府、市级政府以及县级政府社会救助的财政分担责任，制定合理的分担比例，仍需进一步探索。

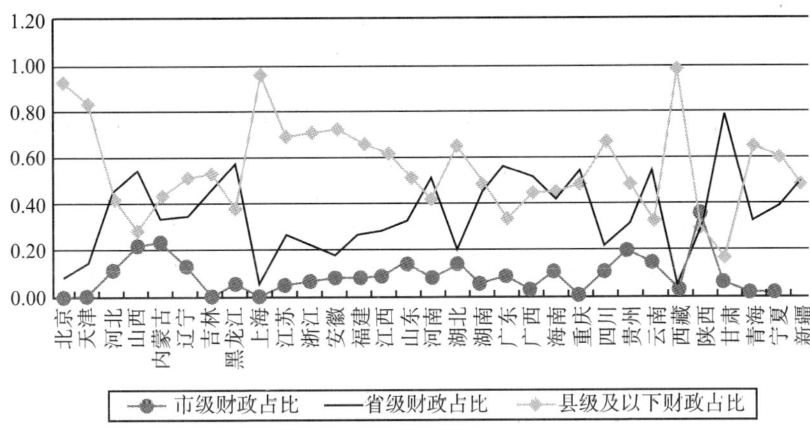

图 4－24　2016 年各省份及以下社会救助财政占比

3. 不同社会救助项目的中央转移支付

中国的社会救助属于地方职责，由地方财政支付。但是有很多救助项目都是由中央通过转移支付来实现的。以最低生活保障为例，如图 4－25 所示，中央财政用于城乡最低生活保障的转移支付规模不断增加而且增长较快，用于医疗救助的转移支付规模也不断增加，但增幅慢于最低生活保障的增速。

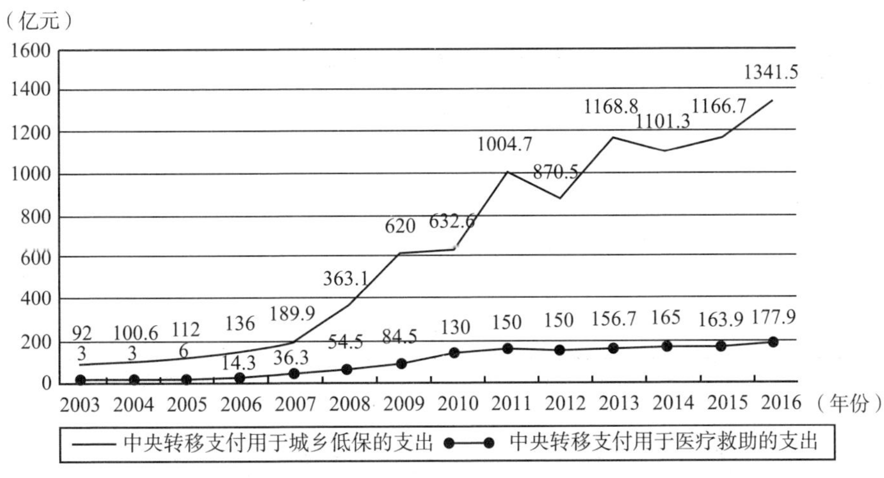

图 4－25　2003～2016 年中央转移支付用于社会救助各项目总额增长

（四）社会救助财政投入地区差异比较分析——因子分析法

本书采用的数据均来自2015年、2016年、2017年《中国民政统计年鉴》，选取了31个省区市的社会救助财政投入数据并对其采用因子分析方法进行分析。结合本书的研究目的选取的8个项目指标如下：X_1 为城市居民最低生活保障人数；X_2 为城市最低生活保障平均支出水平；X_3 为农村居民最低生活保障人数；X_4 为农村最低生活保障平均支出水平；X_5 为农村五保集中供养人数；X_6 为农村五保集中供养平均支出水平；X_7 为农村五保分散供养人数；X_8 为农村五保分散供养平均支出水平。其中，平均支出水平是指财政对救助对象按照其低于救助标准的差额进行补助的实际支出水平，是财政投入的补助水平。

1. 实证分析

首先对于2014年这8个指标进行因子分析。本书使用的软件是SPSS 17.0，对选择的变量数据采用主成分估计法进行KMO和Bartlett球形检验，结果如表4-3所示。统计量KMO的值为0.820，结果为优，且Bartlett球形检验值（Sig）0.000，小于0.05。可以对这8个变量进行因子分析，结果如表4-4所示。

表4-3　　KMO和Bartlett的检验

	取样足够度的Kaiser-Meyer-Olkin度量	0.820
Bartlett的球形度检验	近似卡方	166.240
	Df	28
	Sig.	0.000

表4-4　　解释的总方差

成分	初始特征值			提取平方和载入		
	合计	方差的%	累积%	合计	方差的%	累积%
1	4.993	62.412	62.412	4.993	62.412	62.412
2	1.118	13.969	76.381	1.118	13.969	76.381

续表

成分	初始特征值			提取平方和载入		
	合计	方差的%	累积%	合计	方差的%	累积%
3	0.619	7.739	84.120			
4	0.404	5.045	89.165			
5	0.354	4.422	93.587			
6	0.267	3.340	96.927			
7	0.151	1.890	98.817			
8	0.095	1.183	100.000			

提取方法：主成分分析

根据表4－4的结果不难看出，若提取公共因子按照特征值大于1的标准，则需提取2个公因子，这2个主因子变量能够反映原始信息的76.38%，所以可把原始的8个指标变量综合为2个主因子：F1和F2，运用SPSS 17.0获得相应的初始因子载荷知阵，如表4－5所示。

表4－5　　成分矩阵

变量	成分	
	1	2
城市居民最低生活保障人数	－0.776	0.379
农村居民最低生活保障人数	－0.780	0.174
农村五保集中供养情况	－0.638	0.604
农村五保分散供养情况	－0.766	0.345
城市最低生活平均支出水平	0.315	0.817
农村最低生活保障平均支出水平	0.408	0.854
农村五保集中供养平均支出水平	0.150	0.828
农村五保分散供养平均支出水平	0.415	0.842

已提取了2个成分

在因子模型中利用主因子与贡献率，可得到如下的综合评分函数：

$$F = F1 \times 0.62421 + F2 \times 0.13969$$

第一个主因子（F1）反映的是社会救助的主体，城市低保救助人数、农村低保救助及农村五保的集中、分散供养的人数，解释的是救助人数的指标。第二个主因子（F2）反映的是对于每一个救助对象每年的财政支出大小的指标。可以看出，救助人数对于社会救助财政投入的影响较大，影响系数为 0.62421，而救助支出水平对于社会救助财政投入的影响相对较小，影响系数为 0.13969。

对 31 个省区市社会救助财政投入，利用上面的综合评分函数可得到 2 个主因子得分、综合得分以及名次，如表 4 – 6 和表 4 – 7 所示。

表 4 – 6　2014 年 31 个省区市社会救助财政投入 2 个主因子得分、综合得分及名次

省区市	因子得分 1	因子得分 2	总得分	排序
北京	2.73154	2.28825	2.024454	1
天津	1.87004	0.90609	1.293701	2
上海	1.55985	0.33142	1.01983	3
浙江	1.43046	0.44604	0.955086	4
江苏	0.37712	0.71347	0.335033	7
内蒙古	0.53381	0.27705	0.371863	6
陕西	0.33529	0.33603	0.256201	8
四川	–1.80241	2.22162	–0.81458	31
辽宁	0.18155	0.15987	0.135641	10
山东	–0.31003	0.48905	–0.12518	16
安徽	–0.86749	0.97467	–0.40527	24
湖南	–1.25049	1.2747	–0.60239	27
重庆	0.24269	–0.2186	0.120931	12
海南	0.8598	–0.89733	0.41127	5
黑龙江	–0.37149	0.16192	–0.20924	17
河南	–1.53827	1.31031	–0.77703	30
广东	–0.00778	–0.22207	–0.03588	15
湖北	–0.96686	0.32664	–0.55781	26
江西	–0.63957	–0.05122	–0.40632	25
河北	–0.53956	–0.16773	–0.36018	22
青海	0.48508	–1.24847	0.128349	11

续表

省区市	因子得分 1	因子得分 2	总得分	排序
广西	-0.54007	-0.26474	-0.37405	23
山西	-0.26446	-0.55152	-0.2421	18
甘肃	-0.28235	-0.53768	-0.25133	19
西藏	0.56322	-1.45809	0.147836	9
福建	0.30936	-1.24991	0.018478	14
宁夏	0.49876	-1.67758	0.076945	13
吉林	-0.36408	-0.94125	-0.35871	20
新疆	-0.33886	-1.05403	-0.35873	21
云南	-1.01946	-0.48505	-0.70402	28
贵州	-0.87533	-1.19186	-0.7128	29

表 4-7　　　　2014 年 31 个省区市社会救助财政投入排名

省区市	排名	地区	排名
北京	1	黑龙江	17
天津	2	山西	18
上海	3	甘肃	19
浙江	4	吉林	20
海南	5	新疆	21
内蒙古	6	河北	22
江苏	7	广西	23
陕西	8	安徽	24
西藏	9	江西	25
辽宁	10	湖北	26
青海	11	湖南	27
重庆	12	云南	28
宁夏	13	贵州	29
福建	14	河南	30
广东	15	四川	31
山东	16		

结论分析：根据表 4-7，各省区市社会救助财政投入的得分及排序结

果，我们可以将31个省区市分为4大类，第一大类是排名前4的依次是北京、天津、上海、浙江。这是经济发达地区，财政收入充裕，社会救助的财政也最多。第二大类是社会救助财政投入较多的地区省份，依次为海南、内蒙古、江苏、陕西、西藏、辽宁、青海、重庆、宁夏，这些省区市中，属于西部地区的较多，中央财政补助较多，用于社会救助的财政投入也较多。第三大类是社会救助财政投入一般的地区，依次为福建、广东、山东、黑龙江、山西、甘肃、吉林、新疆、河北、广西、安徽、江西；第四大类是社会救助财政投入较少的地区，依次为湖北、湖南、云南、贵州、河南、四川，这几个省区市的社会救助财政投入一直较低，居于全国排名的最后几位。

按照此种方法，接下来对于2015年、2016年各省区市的社会救助财政投入进行同样的因子分析，如表4－8和表4－9所示。

表4－8　　2015年31个省区市社会救助财政投入2个主因子得分、综合得分及名次

省区市	因子得分1	因子得分2	总得分	排序
北京	2.48046	1.93586	1.816775	1
上海	1.86293	0.88061	1.282469	2
天津	1.75780	0.84158	1.211622	3
浙江	1.34589	0.34417	0.884759	4
江苏	0.472530	0.89095	0.420788	5
陕西	0.44960	0.5327	0.355309	8
内蒙古	0.528250	0.19772	0.356219	7
广东	0.269160	0.27041	0.205774	9
四川	－1.786880	2.30827	－0.77912	30
山东	－0.26054	0.54725	－0.08346	16
重庆	0.24727	－0.13259	0.13454	12
辽宁	0.11302	－0.12527	0.052244	15
河南	－1.49041	1.43474	－0.72002	28
海南	0.86184	－0.92188	0.403165	6
湖南	－1.31741	1.21407	－0.64419	27
安徽	－0.92583	0.80003	－0.46032	25
黑龙江	－0.40063	0.0157	－0.24647	17

续表

省区市	因子得分1	因子得分2	总得分	排序
福建	0.46104	-0.90568	0.156665	10
江西	-0.61367	0.03392	-0.37611	22
青海	0.51706	-1.26122	0.140586	11
河北	-0.59915	-0.26263	-0.40952	23
湖北	-0.96532	0.08334	-0.58735	26
山西	-0.31699	-0.65338	-0.29025	19
广西	-0.62767	-0.39997	-0.44687	24
甘肃	-0.45665	-0.57985	-0.36643	21
西藏	0.48494	-1.5924	0.073274	14
吉林	-0.25623	-0.86273	-0.28247	18
宁夏	0.51092	-1.68232	0.07654	13
新疆	-0.28889	-1.15906	-0.34513	20
云南	-1.16327	-0.50503	-0.7944	31
贵州	-0.89316	-1.2873	-0.73861	29

表4-9　2016年31个省区市社会救助财政投入2个主因子得分、综合得分及名次

省区市	因子得分1	因子得分2	总得分	排序
北京	2.69145	2.10719	2.010776	1
天津	1.80773	0.70142	1.232088	2
上海	1.75962	0.51347	1.171207	3
广东	0.63832	1.21628	0.595788	5
江苏	0.55688	0.7795	0.473045	6
浙江	1.26795	0.06278	0.792971	4
内蒙古	0.45514	0.06806	0.292197	7
四川	-1.76132	2.2821	-0.70836	28
陕西	0.16239	0.05105	0.108695	11
山东	-0.30188	0.37285	-0.12444	15
辽宁	0.16988	-0.11501	0.085762	12
湖南	-1.34264	1.35833	-0.60325	27
安徽	-0.85285	0.79002	-0.39527	24
福建	0.55301	-0.64994	0.233456	8

续表

省区市	因子得分1	因子得分2	总得分	排序
黑龙江	-0.24359	0.08011	-0.13705	16
重庆	0.15887	-0.35667	0.038866	13
河南	-1.62094	1.26753	-0.79008	30
江西	-0.58538	0.16649	-0.33366	21
海南	0.55386	-1.20892	0.141223	9
河北	-0.4973	-0.24143	-0.34699	22
宁夏	0.52616	-1.2943	0.109959	10
山西	-0.24654	-0.55325	-0.24397	18
甘肃	-0.471	-0.39431	-0.35612	23
湖北	-0.83826	-0.05608	-0.52666	26
广西	-0.67926	-0.24309	-0.45956	25
青海	0.36579	-1.39755	-0.00615	14
新疆	-0.20579	-0.83988	-0.26638	19
吉林	-0.24684	-1.05153	-0.32684	20
云南	-1.19469	-0.32348	-0.79102	31
西藏	0.2633	-1.94529	-0.1603	17
贵州	-0.84208	-1.14643	-0.70995	29

对比2014年、2015年、2016年连续3年31个省区市的社会救助财政投入排名的情况，如图4-26所示。

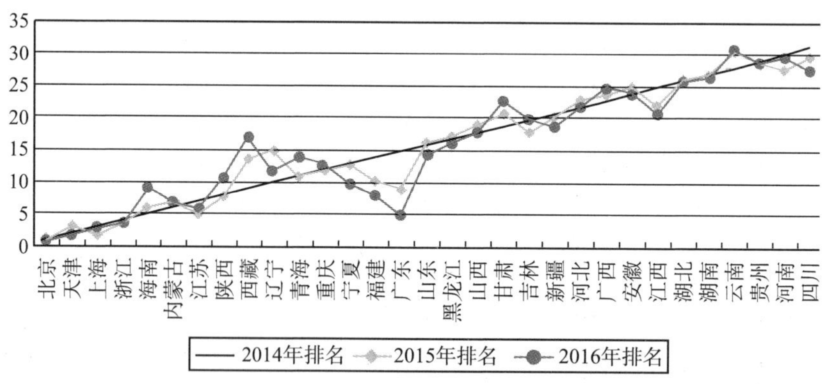

图4-26　2014年、2015年、2016年31个省区市社会救助财政投入排名变化

如图 4 – 26 所示，31 个省区市社会救助的财政投入的变化不大，排名名次基本保持不变，即各省区市的财政投入每年变动不大。2015 年、2016 年社会救助财政投入排名变化基本相同，即在 2014 年排名的基础上，各省区市 2015 年排名靠后的则 2016 年排名依然靠后，排名靠前的省区市在 2015 年、2016 年排名依然靠前。例如，社会救助财政投入较多的北京、天津、上海、浙江等省市，连续 3 年财政投入都是前 3 名的省份。而社会救助财政投入较少的贵州、河南、四川、云南 4 省连续 3 年都居于全国最后排名。

其中，31 省区市财政投入排名在 3 年也有发生改变较多的。排名不断提升的省区市较少，广东提升最快，从第 15 名提高到第 9 名再提高到第 5 名。其次是江西，从第 25 名提高到第 22 名再提高到第 21 名。还有广西，从第 23 名提高到第 24 名再提高到第 25 名。排名不断降低的省区市也较多，例如，西藏从第 9 名降为第 14 名再降为第 17 名，甘肃从第 19 名降为第 21 名再降为第 23 名，海南从第 5 名降为第 6 名后又将为第 9 名。发生升降波动变化的也有，辽宁从 2014 年的排名第 10 名降为 2015 年的第 15 名后 2016 年又居第 10 名，河南从第 30 名提升为第 28 名后又降为第 30 名，吉林从第 20 名降为第 18 名后又提升为第 20 名。

2. 结论

（1）影响不同地区社会救助财政投入的主要因子是接受救助人口数量规模，次要因子是人均社会救助支出水平。所以，各省区市社会救助财政投入差别主要取决于救助人口的数量，影响系数约为 0.69，救助人口多，包括城乡低保的救助人数、农村五保的救助人数等，相应财政投入较多。而社会救助平均支出水平相关系数较小，约为 0.14。社会救助的平均支出水平取决于国家规定的救助标准与居民实际收入的差额，差额人则国家财政投入多，差额小则国家财政投入少。由于目前中国的救助标准都是由各地根据当地的经济发展水平和居民的生活消费水平自行制定，地区差异较大。所以，社会救助的平均支出水平对于社会救助的财政投入影响相对较小。

（2）从 2014 年、2015 年、2016 年连续 3 年 31 省区市社会救助财政投入规模排名来看，中国社会救助财政投入整体变化不大，经济发达地区的社会救助财政投入最大，而且“居高不下”；相反，社会救助财政投入较小的地区也是“进步不足”，在最后几名维持不变。说明社会救助财政投入的地区差异在短期内是不会有太大变化的，仍然还会存在。这种救助财政投入的差别直接导致不同地区社会救助标准的差异，不利于保障日益频繁的流动人口的社会救助权益。

三、社会救助财政支持效益较低

社会救助财政支持的效益是指社会救助财政投入增加对救助人口增加的影响，即社会救助财政投入对社会救助总人口的贡献系数来表示。如表 4－10 所示，从社会救助人口的变化看，2007～2016 年社会救助财政投入对救助人口增长的贡献系数整体呈下降趋势，即表明社会救助的财政投入的增加使得接受救助的人口增速减缓。部分年份社会救助财政投入的贡献系数为负值，表明社会救助的财政投入虽然增加，但是救助的人口并未相应增加，表明财政投入对救助人口的扩大效应有所减弱，即社会救助财政支持效益下降。

表 4－10　社会救助财政投入对社会救助总人口的贡献系数

年份	社会救助总人数（R）	ΔR/R	社会救助财政投入（T）	ΔT/T	贡献系数（ΔR/R）/ΔT/T
2007	9706.1	—	509.7	—	—
2008	12467	0.22	806.7	0.37	0.60
2009	13954.4	0.11	1098.1	0.27	0.40
2010	15636.7	0.11	1032	-0.06	-1.68
2011	16652.6	0.06	1766.3	0.42	0.15
2012	16094.6	-0.03	1866.1	0.05	-0.65
2013	16483.3	0.02	2172.4	0.14	0.17
2014	16739.9	0.02	2197.5	0.01	1.34
2015	15857.1	-0.06	2347.4	0.06	-0.87
2016	14829.2	-0.07	2492.8	0.06	-1.19

注：2007 年之后的社会救助财政投入新增了农村低保，社会救助财政投入＝城市低保＋医疗救助＋农村低保，社会救助总人口包括各救助项目救助的人口总和。

第四节　中国社会救助财政支持的原因剖析

一、中央和地方社会救助的事权和支出责任划分不明确

社会救助的事权和支出责任划分就是把政府的社会救助职责按照救助的受益范围和规模效益、经济发展水平、政府的融资能力和行为能力以及不同层级政府的比较优势等因素在不同层级政府之间进行有效的配置。社会救助的公共产品属性决定了必须由中央和地方共同提供。但 1994 年分税制实施后，出现了“财权上收，事权下放”的情况，最终造成政府层级越低，事权和财权越不匹配，财政压力越大，地方政府在安排经济建设、医疗卫生、教育、社会救助等财政支出时会有优先次序考虑。由于中国长期的“重经济、轻社会”的发展模式，在强大的财政压力和经济压力之下，地方政府往往会把社会救助支出摆到最后，社会救助财政投入往往难以保证。社会救助虽然属于地方性公共产品，应该由地方负责提供，但是其具有的“非经济性公共产品”和“软公共产品”的特征使得地方政府无动力发展社会救助。而作为民生工程基础的社会救助则只能靠中央拨款实现。同时出现了各种不合理的现象，例如，地方政府为了争取更多的财政拨款，会虚报救助人数、虚列救助预算等行为。

另外，中国的社会救助管理处于混乱状态。根据中国现行的行政架构，社会救助事务主要由民政部门主管，即民政部是全国社会救助事务的主管部门，而地方各级民政部门是所管辖地区社会救助事务的主管部门。在民政部设立有救灾救济司、最低生活保障司等机构，分别负责灾害救助、贫困救助、最低生活保障等社会救助事务的管理。地方各级民政部门均设置相同机构，承担着当地社会救助事务的管理职责。同时，由于财政部门直接为社会救助提供着资金供应，从而也参与社会救助活动的监督。此外，在城市，城

市建设或者房屋管理部门还负责管理着房屋救助；卫生部门管理着医疗救助；教育部门负责面向贫困家庭子女的教育救助；司法部门负责为困难人口提供司法救助的管理。可见，社会救助管理在中国事实上是一种分散管理的格局，这种格局与中国的社会救助事务未能实现一体化直接相关。因此，中国的社会救助制度安排有着向综合化迈进的必要，社会救助管理体制也有必要进一步集中化。

二、各级政府社会救助财政投入负担比例不合理

在目前中国的财政体制下，上级政府有权直接决定其对下级政府的社会救助支出比例划分，这种强制划分并没有统一的财政分担原则或者测算标准、分担比例，各级政府间支出责任的划分更多体现为不同级次政府之间的博弈，不同省区市的各级财政对社会救助财政负担比例不一。加上政府层级过多、职能转变滞后以及部门利益等因素影响，对于同一救助项目，在不同省区市之间的各级政府所承担的支出份额差别很大，这就造成不同层级政府的支出稳定性不强，各自对社会救助的责任也不明确。中国现行的社会救助在制度规定上过于强调地方责任，如表 4 - 11 所示，完全由地方负责的社会救助项目包括医疗救助和住房救助，其他项目也主要由地方负责，中央只是在地方财力不足时给予补助。目前基层财政困难是常态，根本不可能提供这些救助项目。虽然在地方财政困难的时候中央给予补助，但是由于各级政府对社会救助财政投入分担不够合理，中央加大财政投入后，获益的是省、地市级财政，救助任务最重的区县级政府财政负担并没有减轻。

表 4 - 11　　中国社会救助项目的中央和地方职责划分

项目	职责划分
城乡低保	地方负责，中央选择性补助
特困人员供养	地方负责、中央补助

续表

项目	职责划分
医疗救助	地方负责
教育救助	地方负责、中央补助
住房救助	地方负责
灾害救助	按照灾害类别，中央、地方共同负担
就业救助	中央、地方
临时救助	地方负责，中央补助

资料来源：依据《社会救助暂行办法》整理得出。

三、社会救助的财政转移支付不规范

财政转移支付是中央政府调控地方政府以及上一级地方政府调控下一级地方政府的经济行为，是为了实现政府间财政基本均衡的机制或制度安排。在社会救助领域，就是中央政府和上一级地方政府通过适当给予资助性拨款的方式，缓解部分地区因财政有限难以为社会救助提供必要财力支持的问题。在分级分税财政体制下，中国社会救助制度的财政转移支付主要表现为在中央、省、市之间建立并实行梯次转移支付制度，即中央财政要向省级财政转移，省级财政要向市县级财政转移支付，补充地方财力的不足。从近些年财政转移支付的操作情况来看，公共财政不断加大财政转移支付的力度，转移规模保持稳定增长，这对缓解地区救助资金紧张局面、推进社会救助制度的完善起到了积极作用。但实践中也存在一些问题，例如，（1）中央对地方的社会救助转移支付缺乏相应的标准和制度；（2）目前中央的转移支付用于农村社会救助的支持规模较小；（3）转移支付的流程环节较多，资金衔接不够通畅；（4）地方不配套、少配套或假配套，尤其是省一级政府承担的比例过少，过度依赖中央资金，由此甚至导致救助资金不能按时足额发放。

四、社会救助资金来源渠道单一

(一) 社会捐赠规模较小

近年来中国社会捐助款物增长趋势较为明显，但总体捐助规模仍然较小，相较于社会捐助事业发达的国家，中国社会捐助占社会救助的比重仍然偏低。以民政部门负责的社会救助项目为例，如图 4－27 所示，自 2000～2016 年，民政部门接受的社会捐赠数额较小，与日益增长的社会救助支出规模形成较大反差，社会捐赠占社会救助支出的比例也较小，除了 2008 年汶川地震社会捐赠占比较大外，这意味着中国社会救助的资金来源中主要是财政，社会团体等组织进行的社会捐赠的比例很小，社会捐赠对于社会救助支出的贡献较小。这种救助资金来源的单一性一方面加大了财政的压力，无法充分利用各种社会资源，另一方面限制了救助效果，在有限的救助资金下，救助项目少、救助标准低、救助人数少。

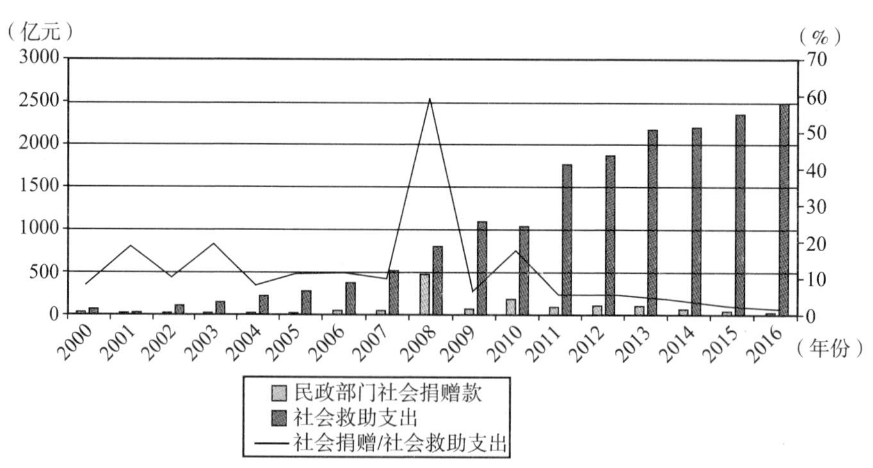

图 4－27　2000～2016 年社会捐赠与社会救助支出的发展趋势

（二）彩票公益金支出规模较小

福利彩票的发行宗旨是：扶老、助残、救孤、济困。中国福利彩票的公益金的分配情况如图4－28所示。

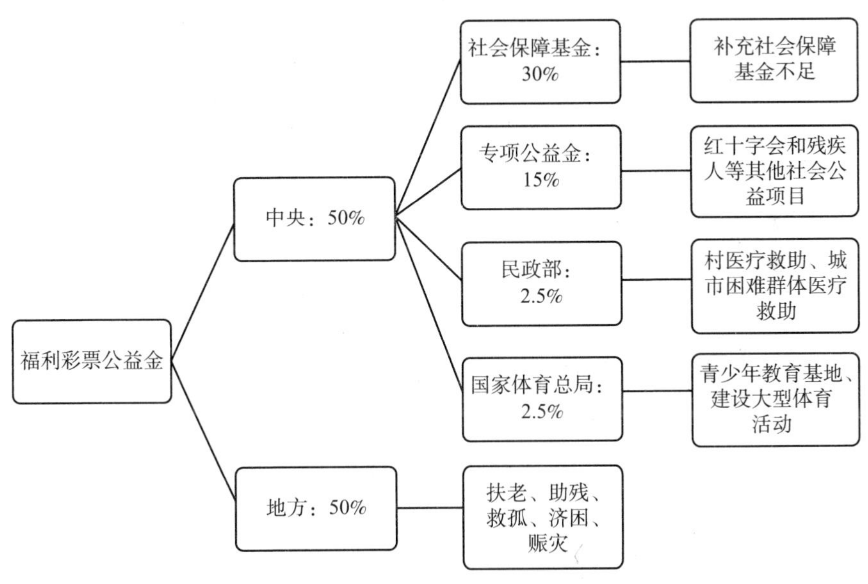

图4－28　福利彩票公益金的分配

目前中国的彩票的公益金支出总额不断增加，2008～2016年均增速为10.67%。彩票公益金对于社会救助的主要项目包括低保及其他社会救助、医疗救助两部分，其中医疗救助支出占比近年来不断下降，从2008年的14.68%下降为2016年的7.321%。低保及其他社会救济支出占比较为稳定，但呈现下降趋势，从2008年的6.04%下降为2016年的3.88%，如图4－29所示。所以，彩票公益金用于社会救助的规模有限。

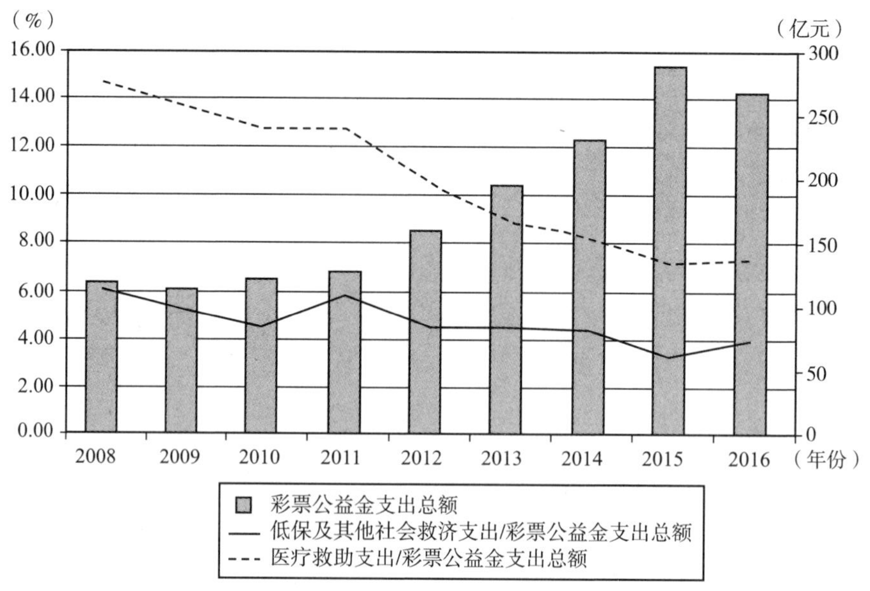

图 4－29　2008～2016 年彩票公益金支出项目发展趋势

五、社会救助财政支持的监督制约机制不健全

目前，中国对于社会救助资金的监管仍然欠缺。比如城乡最低生活保障中的“人情保”等不符合条件的人享受低保就是对财政资金的浪费，另外，对于社会救助应该实现的“应退尽退”目标在实践中也无法实现，救助对象在摆脱暂时的困境后应该及时退出。但是当前中国救助对象的“退保率”很低，这意味着救助对象一旦享受救助就会尽可能留在救助体系中而不愿退出，在财政资源一定的情况下对于那些符合条件的救助对象来说不公平，也不利于实现社会救助“应保尽保”的目标。另外，《社会救助暂行办法》的长效性和权威性不足，对于一些社会救助领域中出现的各种纠纷等事件处理力度不足。

第五章

社会救助财政支持的国际借鉴

第一节　典型发达国家社会救助的财政支持及经验借鉴

一、典型发达国家社会救助的财政支持

（一）英国

1. 英国社会救助的发展

英国是世界上最早建立社会救助制度（Social Assistance）的国家，其社会救助的范围和内容随着经济和社会发展而不断扩大。1601年《济贫法》标志着政府开始干预社会救助。20世纪初，通过教育、年金、公费医疗等手段建立国民最低生活标准体系。英国的社会救助都是通过法律制度来保障的，如《老年年金法》《寡妇孤儿及养老年金法》等。20世纪30年代经济危机后，现代社会救助体系真正建立。1948年通过《国民救助法》，成立国民救助委员会管理社会救助。70年代石油

危机后，英国社会救助进行了改革。1985 年《社会保障的改革》中指出改革的主旨是降低救助水平，通过救助者的工作实现就业和自立。

2. 英国社会救助的财政支持

（1）社会救助由中央财政负责，地方政府提供补充性社会服务，如住房补助等项目。

（2）社会救助在不同发展阶段财政投入规模不同。在社会救助的建立初期，财政投入增加，社会救助标准较高，项目和内容不断增加，促进了英国社会救助的发展。进入 2000 年的社会救助改革时期，为了减轻政府负担，财政投入增加缓慢，确定合理的财政投入规模。但是，社会救助财政投入的规模占社会保障支出总额的比例较高。如表 5－1 所示，低收入人员支出即社会救助支出占社会保障总支出的比重仍然达到 22.08%。

表 5－1　　2009 年英国社会保障财政支出构成情况

项目	金额（亿英镑）	在社会保障支出总额的占比（%）
儿童家庭支出	341.15	18.11
失业保障支出	48.53	2.58
低收入人员支出	415.84	22.08
老年人支出	784.11	41.64
病残人支出	285.65	15.17
其他支出	1.53	0.08
合计	1883.66	100

资料来源：英国财政研究所：《英国福利体系调查报告》，www.ifs.org.uk.

（3）社会救助财政支持方式和结构多样性。具体表现为：首先扩大就业渠道，通过税收优惠、贷款担保等政策鼓励中小企业的发展来增加就业机会，充分发挥 NGO 等社会组织吸纳劳动力的功能。其次是工作救助，鼓励受助者以工作为条件来获得救助。通过对失业青年的再就业培训和就业指导、政府补贴就业等方式来实现就业。不参加再就业的将停发或者减免救助金。最后是加强监管，对于社会救助中的欺诈行为进行严惩，加强社会救助资金的管理。

（4）积极拓宽社会救助的资金来源。通过税收优惠等措施鼓励私营部门、慈善组织等参与社会救助，减轻政府的财政负担。

（二）美国

1. 美国社会救助的发展

美国社会救助制度中自立精神与独立意识影响深远。早期美国救济对象仅限于那些真正贫困的个体，接受救助的人较少。政府救助那些失依儿童、无助老人和病人，财政投入少之又少。20 世纪 30 年代的“罗斯福新政”吸收了凯恩斯国家干预的思想，政府对于社会救济承担完全责任。1933 年，《联邦紧急救助法》通过“以工代赈”的救助方式为全国青壮年失业者提供从事公共事业的就业机会。1935 年，美国政府通过《社会保障法案》，社会救助按照不同的对象，如妇女、儿童、退休人员、残疾人、失业者等实行类别救助。到了 60 年代，社会救助的范围和内容扩大，救助方式发生改变，从实物、现金救助向技能、服务救助转变，出现多样化的趋势，宗旨是提高受助者的劳动能力。80 年代，美国社会救助进入改革阶段，受到“里根经济学”的影响和克林顿“中间道路”的影响，主要思想是强调救助者个人的自立。例如，1996 年《个人责任和工作机会协调法案》和 2002 年《为自立而工作法案》两部法律强调社会救助的主要方式是个人就业。

2. 美国社会救助的财政支持

（1）美国社会救助由联邦政府与州政府共同承担，联邦政府负责政策制定，州政府有较大的自主权，负责具体实施管理。救助资金主要由地方政府负责，部分项目联邦给予补助。不同救助项目的各级事权划分如表 5 - 2 所示。

表 5-2　　美国社会救助项目事权划分

项目	各级政府权责划分
抚养未成年儿童家庭补助（AFDC）	联邦政府：多于50%；州政府：小于50%
补充保障收入（SSI）	州政府和地方政府负责，联邦政府补助
医疗救助（Medicaid）	联邦政府：25%～50%，各州政府：50%～75%
住房补助（House Rilief）	联邦政府
食品券	联邦政府和地方政府
教育补助	联邦政府
一般援助	州政府负责

资料来源：吴潇．浅谈美国的社会救助及其主要内容［J］．商品与质量，2011（8）：36.

（2）社会救助财政支持方式和结构多样化。首先，鼓励救助对象的再就业，通过减少救助期限、降低救助标准来刺激其参加工作。其次，通过"工作机会和基本技能培训方案"来为贫困者提供更多的教育、训练和就业服务。再次，救助的内容既包括满足最低水平的现金救助、食品券，还包括一些专项救助项目，比如：医疗补助、住房补助、儿童营养、就业与培训、贫困家庭子女教育等，这些专项的救助服务可以支持准备和已经去工作的人①。最后，采用"资产建设"②来帮助低收入者脱贫，即鼓励贫困人口有计划的积累金融性资产，用于特定目的，如健康、教育、医疗等项目。个人在进行账户建立的同时，政府提供相应的配套资金和服务，如相关的理财课程、投资咨询课程等，帮助穷人个人资产的积累，增加其脱贫的能力。

（三）德国

1. 德国社会救助的发展

德国社会救助初期主要是由慈善事业来进行，社会救助是出于自愿和人道主义，具有随意性。后来出台一系列法律对于救助的条件、标准和种类做

① 孙莹．美国社会救助政策述评［EB/OL］. http：//bjpopss. gov. cn/bjpopss/cgjj/cgjj 2004－06－18. b. htm. zh.

② Michael Sherraden. A New American Welfare Policy［J］. New York：M. E. Sharpe Inc.，1991：145.

出规定。1961 年《联郑社会救助法》（BSHG）指出“社会救助的目的是保证受助者能够享有符合人类尊严的生活”，是德国现代社会救助制度确立的标志。德国社会救助一直坚持政府和民间合作的原则。20 世纪 80 年代后，社会救助进入改革时期。2005 年 1 月 1 日《联邦社会救助法》颁布，改革核心理念是强调个人在获得社会救助的同时要履行一定的义务，要求自力更生，救助的主要方式是给予生活费用的现金救助。

2. 德国社会救助的财政支持

（1）在德国，社会救助的责任集中在地方政府，具体救助事务由地方社会救济机构包括市镇或社区救助机构来负责，如表 5 – 3 所示，其中：75% 是来自市、县政府，州政府只负担其余的 25% 。

表 5 – 3　　德国社会救助项目各级政府事权划分

项目	各级政府的事权
社会救济	州和市镇负责
抚恤	联邦政府负责

资料来源：柯卉兵．中国社会保障转移支付制度研究［M］．北京：人民出版社，2014：42.

（2）社会救助财政投入的规模较小：在德国，社会保险是社会保障的主要内容，国家财政用于社会救助的比例较低，2003 年社会救助支出仅占社会保障支出的 4.2% 。

（3）社会救助财政支持方式和结构多样化：德国通过税收形成的财政收入支付社会救助，以宪法的方式保障各级政府对于公民的社会救助的需求。财政支持社会救助表现为：首先，救助水平较高、救助项目较全，保证了救助者的正常体面生活。救助津贴的差别取决于家庭结构、孩子的年龄。其次，既有针对一般情况的生活救助，如一般的基本生活需要的费用，也有针对特殊情况提供的特殊救助，例如医疗救助、失业救助、教育救助等。再次，采取激励积极就业的方案，即“help to wards work”政策，提供合同工作、工资补助和培训等。最后，财政鼓励慈善和社会组织积极参与社会救助。

二、典型发达国家社会救助财政支持的经验借鉴

在发达国家社会救助的发展过程中，财政支持更多地体现为投入的增加，使得社会救助的标准高、项目全，但这些特征也给发达国家带来了财政压力。进入20世纪80年代，发达国家相继都对社会救助进行了改革，改革的原因之一就是经济增长缓慢而带来的财政收入的减少，对于社会救助的财政投入受到了制约。但是，各国用于社会救助的财政投入并未减少。如表5－4所示，各国从1980年后的社会救助财政支出占社会保障总支出的比重还是出现逐年增加的趋势。在1980～1992年，德国该比重一直较低，增长较慢。英国社会救助占比较高，增长也较慢。美国该比重较高，增长最快，增长了10.5%。

表5－4　发达国家社会救助占社会保障支出比重对比表（1980～1992年） 单位：%

年份	1980	1985	1990	1991	1992
德国	7.10	11.00	11.90	—	—
英国	21.90	30.20	30.90	30.80	33.00
美国	29.30	32.70	32.80	36.50	39.80

资料来源：成福蕊著．社会救助与脱贫差异：基于能力视角的解释［M］．北京：中国社会科学出版社，2012（5）：196.

另外，发达国家社会救助财政支持的方式发生了较大的改变，努力提高救助资金的使用效率，在相同的财政投入下能够救助更多的人或者是帮助受救助的人真正脱贫，减少“贫困陷阱”的发生。发达国家社会救助财政支持可供借鉴的经验包括如下几方面。

（一）立法规范各级政府间社会救助责任划分

社会救助在多数发达国家是由中央和地方共同提供的（英国除外）。在共同提供的过程中，必然要对中央和地方各自的职责进行划分。政府间社会救助财政责任的明确划分是财政支持的前提。在发达国家，在社会救助的事

权划分都以法律的形式对这一划分予以规范化。一旦各级政府的社会救助事权和支出责任需要调整时则必须通过法律程序。这种法制化能够督促各级政府更好地履行其支出责任，有利于社会救助财政支持稳定机制的形成。例如，在德国，关于社会救助的事权划分纳入宪法，这给社会救助的有效运行提供了法律保证。

（二）社会救助财政支持方式多样化

1. 家庭津贴

家庭津贴即对于贫困家庭的现金救助，主要是对于有子女的家庭提供。大多数国家都实行家庭津贴。英国的家庭津贴（Child Benefit）就是一种基本保障制度，要求是至少有一个子女的低收入家庭，一直到子女满 16 岁。在美国，联邦和州政府对供养 18 岁以下子女的贫困家庭实行的 AFDC 援助（Aid to Families with Dependent Children，AFDC）就是一种现金救济计划。美国的食品券这一制度较为久远。食品券制度即补充营养援助项目（Supplemental Nutrition Assistance Program，SNAP）是美国食品补助的三个项目之一，也是联邦政府最大的食品补助项目，目的是要确保贫困者能够获得基本的食物供给，以解决贫困阶层的基本生活。相类似的还有印度的公共分配系统 PDS（Public Distribution System），即在政府的监督指导下，由政府给予财政补贴，专门向低收入居民提供粮食保障的公共助援系统。中央政府以低于收购价格的统一价格把收购的粮食分配给粮食公共分配系统的平价粮店，平价粮店按政府规定的价格零售给消费者尤其是贫困居民。

2. 工作福利

工作福利（就业福利）[①] 是指人们为了获得政府的社会救助必须要参加

① 关于就业福利制度的作用，目前还没有定论。一些研究表明，工作福利制改革在减少受助者人数、提高就业率、减缓贫困上具有积极作用（Waldfogel，2001；Duncan and Chase - Lansdale，2001；Evans，2001；Hamilton，July 2002；Anderson and Pires，December 2003；Gray and Stanton，2002；Millars and Evans，December 2003）。但是，也有研究显示出就业福利的局限性。当失业问题实际是由劳动力需求不足所造成的时候，无论是通过快速就业来强迫被救助者工作，还是通过培训来提高被救助者的技能，或是利用财政刺激吸引被救助者接受低工资工作，都没有实际意义（Silver，2005；Larsen，2003）。

工作，这种方式在发达国家的社会救助中使用较为广泛，如表 5－5 所示，是消极救助转向积极救助的表现。这种救助方式的改变减少了国家用于社会救助的财政支出，取得了更加积极的救助效果。

表 5－5　　部分欧美发达国家工作福利模式社会救助

国家	欧美国家在社会救助中引入工作福利的改革措施
美国	1996 年制定“个人责任和工作机会法案”
英国	1996 年引入“求职者津贴”；1997 年实施“新政”
德国	1996 年实施“联邦救助法案”的改革；2004 年实施“哈茨改革”
意大利	1997 年引入“公共服务工作”
挪威	1996 年引入“劳动力市场培训计划”“失业替代性工作计划”等
瑞典	1998 年“社会服务法案”；2000 年激活失业者的承诺

资料来源：Aust A & Arriba A. Policy Reforms and Discourses in Social Assistance in The 1990s，Paper Presented to the ESPAnet Conference in Oxford，8－11. 09. 2004；吉尔伯特等．激活失业者—工作导向型政策跨国比较研究［M］. 王金龙等，译．北京：中国劳动社会保障出版社，2004.

3. 收入支持

收入支持政策是指对于被救助者在接受救助期间取得的劳动收入给予一定的补贴，目的是鼓励救助对象积极工作，提高收入。目前使用的政策主要包括：提高豁免额、税收鼓励、工资补贴。其中：豁免额是指政府对于被救助者的部分收入免于计算，得到的救助金不会因为自己工作后取得收入而减少。税收鼓励是指对被救助者在受救助期间取得的个人的劳动所得实行所得税减免，例如，英国的“工作家庭税收鼓励”、美国的“负所得税”政策。工资补贴是对有工作的低收入者提供收入补贴。

（三）财政引导慈善参与社会救助

在西方，政府对慈善组织的财政支持主要通过直接拨款、合约和补偿三种途径来实现。直接拨款是政府直接给予慈善组织补贴以支持他们的活动和项目，如政府对慈善组织的邮资补贴。合约是指慈善组织向有资格享受某些政府项目的人提供服务，而由公共机构支付服务费。例如，慈善组织为低收入者提供医疗、培训等服务，政府支付给慈善组织服务费用。例如，在美国，慈善组织的收入来源中除了社会捐赠外，政府的财政资助也占很大比例，大约维持在30%，政府通过资助慈善组织，与慈善组织签订合同，让其提供各种救助服务，如对基本患者、残疾人等提供的社区服务。在英国，政府也会对慈善组织提供财政资金，具体途径包括：政府基金的建立，面向救助活动的专项资金、政府采购和政府委托。在德国，政府财政投入占慈善组织总收入的2/3，慈善组织通过采取招标的方式取得政府的救助项目资金。补偿是指政府向那些有资格享受政府项目并从慈善组织那里购买服务的人支付补偿费。

第二节　发展中国家社会救助的财政支持及经验借鉴

一、发展中国家社会救助的财政支持

（一）拉美

拉美社会救助发展落后，在社会保障制度中的地位不高，救助覆盖范围有限、临时性较强。1980年后，受经济危机影响，贫困人数增加，政府开始对社会救助进行改革。巴西和墨西哥改革最早，改革措施包括巴西的家庭补助计划、墨西哥的机会计划。拉美国家财政对于社会救助的支持方式多样化，表现如下：

（1）附加条件的现金补助。社会救助通过发放现金的形式对贫困家庭进行救助，但接受该现金的条件是受助家庭用此现金进行人力资本投资，包括：儿童营养、教育、医疗等服务，如表5－6所示。这种附加条件的现金补助促使贫困家庭进行人力资本发展，使得社会救助具有发展的功能。

表 5 - 6　　部分拉美国家条件型转移支付模式社会救助

国家	拉美国家引入的条件型转移支付社会救助项目
墨西哥	1997 年教育、卫生和食品项目的（Progresa）；2002 年机会计划（Opportunists）
巴西	2003 年家庭补助项目（Bolsa Family）
阿根廷	2001 年失业户主项目（JJH）；2006 年家庭融入项目、就业和能力建设项目
巴拿马	2002 年机会网计划（Red de Opportunists）
哥伦比亚	2002 年团结计划（Solidario）

资料来源：Barrientos，A & Santibanez，C. New Forms of Social Assistance and the Evolution of Social Protection in Latin America [J]. Latin America Studies，2009，41（1）：58.

（2）救助补助金直接发放给家庭中的弱者，一般为母亲，如墨西哥、智利等国，希望通过母亲来进行补助金的合理分配使用。

（3）就业救助。在对部分无法自食其力的老弱病残人员等特困人员实行日常的生活救助主要是食品救助外，通过发展生产救助帮助部分具有劳动能力的人实现脱贫，具体方法包括：帮助、引导、扶持贫困人口自己创造劳动机会，即“劳动计划”。例如，对于经过论证后可行的生产救助项目，市政府提供小额资金融贷款并对贫困人员进行生产培训使其真正实现就业而脱贫。

（4）教育救助。通过提高贫困人员的技能和劳动素质，实现真正就业。积极改变贫困人口的想法，调动其致富的积极性和进取心。社会救助财政支持的前提是救助对象的劳动技能和素质的提高。因此对于教育救助财政支持力度较大。

（二）印度

由于印度工业较为落后，人口多，贫困人口也多。贫困问题困扰着国家经济社会发展，对于贫困者的社会救助措施包括：

1. 财政支持的专项救助项目较多

（1）就业救助。印度社会救助的主要措施是创造就业机会，通过大力发展经济来创造更多的就业岗位。

（2）教育救助。印度非常重视教育，重视人力资源的开发，对于贫困人口也进行职业培训和教育，以此提高其就业能力。

（3）医疗救助。印度是从改善贫困人口的居住环境来入手，包括提供医疗救助帮助其摆脱贫困。

2. 非政府组织积极参与社会救助

在印度，非政府组织受到一定宗教的影响而进行慈善救助，非政府组织相对独立，与政府共同进行社会救助。

（三）南非

南非的贫困率较高，其中林波省及东开普省的贫困率最高。1994 年后在种族平等的民主变革中，社会救助成为改革的重点。社会救助项目覆盖人数近十年增长较快，从 1994 年的 270 万人增长至 2014 年的 1200 万人。

1. 社会救助财政投入规模增长较快

1994 年以来，社会救助在财政预算安排占很高的比重且增长最快，2008 年社会救助占政府预算的 15%。社会救助占 GDP 的比重也逐年提高，从 2004 年的 4. 5% 提高到 2008 年的 7. 39%。2009 年社会救助财政投入为 800 亿兰特，约占 GDP 的 3. 5%。

2. 社会救助财政支持的方式多样化

（1）社会救助以现金救助为主，例如，专门为老年人、残疾人和依赖护理的人提高月补助金和子女抚养补贴标准。现金救助直接降低了贫困发生率，刺激了国内的消费需求，稳定了社会。

（2）税收的减免：为了减轻贫困人员的医疗负担，取消了医疗制度中某些疗程的纳税规定。

（3）对无劳动能力的贫困者进行普遍的救助，并特别重视贫困及残疾儿童的生存救助与发展救助。

3. 非政府组织积极参与社会救助

南非社会救助政策的实施由非政府机构 SASS 组织运行，通过向政府购买服务获得财政资金支持，每年获得的财政资金大约为 50 亿兰特。

二、发展中国家社会救助财政支持的经验借鉴

发展中国家的贫困人口较多，比较重视社会救助的反贫困功能，财政支持力度较大，国家财政用于社会救助的规模不断增加。但是发展中国家也积极借鉴发达国家的经验，为了避免出现发达国家的“贫困陷阱”带来的财政压力，在社会救助财政投入的过程中更加注重救助的方式方法。可供借鉴的经验包括：

（1）政府是社会救助的主体，但注重发挥非政府组织的力量。由于发展中国家财力有限，因此积极借助各种社会组织的救助资金筹集功能。

（2）中央承担社会救助的主要责任。在中央和地方的社会救助责任划分上，大多数发展中国家经济发展不平衡，地区差异较大，中央财政对于社会救助的责任大于地方财政。

（3）注重“发展”功能的有条件的现金补助。通过制定社会救助的领取条件，比如接受培训、接受教育等条件的救助资金能够更有效发挥“发展”功能，实现“发展”目标。

（4）工作福利计划。在领取社会救助的同时必须接受政府提供的工作计划，拒绝工作则无法领取社会救助金，这样的规定都给贫困者带来了就业机会，争取到了摆脱贫困的机会。例如，阿根廷的“劳动计划”、墨西哥的“临时就业计划”、印度进行的一些工作福利计划等。

第六章

中国社会救助财政支持的目标和原则

第一节　中国社会救助财政支持的目标

一、适应发展型社会救助的财政支持目标

（一）发展型社会救助

发展型社会救助是相对于生存型社会救助而言的，其特点主要体现在四个方面：其一是救助理念的改变——“积极救助”，接受救助的目的是实现个人自助，受助者积极参与救助行为；其二是救助方式的改变——“预防救助”，注重事前预防，增强受助者的风险抵抗能力，通过教育、医疗、就业等方式减少贫困的代际传递；其三是救助内容的改变——“多项救助”，即包括：物质、权利、服务、能力、精神等方面的救助，从而可以从各方面减少贫困的发生；其四是救助主体的改变——“多元主体”，政府和各种社会组织都是救助的主体。

（二）适应发展型社会救助的财政支持目标

健全社会救助财政支持的顶层设计，继续优化现有的社会救助的财政支持政策，完善税收优惠政策，强化社会救助预算管理，实现财政和社会救助相互促进的目标：一方面，财政可以促进、引导社会救助，建立起能够促进公平正义的现代财政；另一方面，社会救助的科学管理及改革可以提高救助的效率，减轻国家财政负担。

1. 财政能够引导和促进社会救助

财政是提供公共产品、满足公共需要的基础。社会救助作为政府向社会提供的一项公共产品或服务，实际上是以政府为主体参与社会资源再分配的行为，属于财政分配范畴，是政府财政分配活动的重要内容。财政是社会救助的基础，财政支持的大小决定了社会救助提供的总量、结构，影响其收入再分配功能的发挥。加大公共财政对社会救助的投入不仅可以促进社会收入公平机制的建立，使社会救助制度能够朝着既定的方向有效地实施，而且更能凸显出政府作为社会救助责任主体的角色定位。社会救助制度作为一项利国利民的收入再分配制度，其主要目的就是提高人们分散社会风险的能力，促进社会公平机制的建立。无论哪一个国家，政府都有通过转移支付等形式资助社会救助的义务，以此保证社会救助制度所要达到的公平期望。即使在市场经济发达的美国，也会通过各种转移性支出来补助社会救助，缓解因贫富差距导致的对社会公平性的偏离。社会救助支出规模和结构是与政府所承担的职能密切相关的，社会救助支出规模和结构反映了国家职能的内容变化以及政策导向。

2. 社会救助良性运行能够减轻财政负担

社会救助受到很多因素的制约，例如收入、人口结构、救助水平等都会对整个社会救助的支出产生一定的影响，从而影响公共财政的支出水平。例如，贫困人口增加、老年人口增加会增加对社会救助的需求，从而使得社会救助支出增加，相应增加了公共财政支出。再比如社会救助水平过高也会增加公共支出的压力。但是，社会救助的有效管理可以减轻财政负担，因为通过启动社会救助绩效管理项目，可以评估社会救助资金管理，能够强化相关主体的责任意识，降低行政服务成本，社会救助行政管理部门“精准救助”可以达到“少花钱、多救助”的效果。

3. 社会救助财政支持能够有效调节社会总需求

社会救助的财政支持作为公共财政支出的重要组成部分，也是国家进行宏观调控的重要政策工具。按照凯恩斯的国家干预理论，造成经济危机的原因是“有效需求”不足，各国政府把扩大包括社会救助在内的社会保障规模作为增加有效需求的重要途径，把社会救助制度作为政府宏观调控的经济工具，运用社会救助政策调节消费结构和社会需求，促进经济、社会稳定发展。在经济萧条时，政府采取扩张性的财政政策增加对失业、贫困人员等的资金补助，增加他们的可支配收入，以此改善有效需求不足的状况。当经济繁荣时，贫困和失业人口增加，救济性支出相应地减少，由此得以抑制有效需求的过度膨胀，稳定宏观经济。由此可见，通过社会救助支出规模的变化能调节社会总需求，从而促进经济平稳地运行。2008 年开始蔓延的全球性金融危机中，社会救助作为自动稳定器，对各国宏观经济起到了重要的调节作用。社会救助应对金融危机的措施主要有以下方面，如表 6 – 1 所示。

表 6 – 1　　各国应对经济危机进行的社会救助改革措施汇总

国家	措施
巴西	扩大社会救助项目
意大利	扩大社会救助项目范围并延伸到以前被排除的群体

资料来源：笔者整理得出。

二、2020 年社会救助财政支持的目标和重点

（一）2020 年的近期目标

“十三五”时期在“共享”理念下增进基本公共服务供给，在全面建成小康社会的 2020 年，基本建立比较公平、可持续的社会救助，形成与经济

社会发展相适应、高效合理的社会救助供给机制，使得社会救助的标准和服务质量提高，推动建成具有发展功能的社会救助体系，维护好社会公平、保障好人民的发展权利。

（二）财政支持的重点

1. 扩大作为基础民生工程的社会救助的财政支出比例，优化现有的社会救助支出结构

按照保基本、促发展的原则，安排好社会救助支出比例，例如增加财政用于特困人员供养、医疗救助尤其是重特大疾病医疗救助、临时救助等的比例，逐步提高农村低保标准使之达到农村扶贫线的标准。将救助前移，建立更加以预防为主的积极的社会救助，真正实现如下目标：不养懒汉、激发潜能、促进就业、鼓励创业。

社会救助的财政支持的目标是分阶段逐步进行的，如表 6－2 所示。在2020 年全面建成小康社会的近期目标中，更多的财政支持体现在最低标准，即争取实现全民脱贫，尤其是对于贫困地区而言，最重要的是城乡居民最低生活保障、特困人员供养、临时救助和自然灾害救助的全面覆盖，这是脱贫的基础保障。但是无论经济如何发达，总有人需要接受社会救助，被救助的人不会随经济发展而消失。在 2020 年全面建成小康社会后，财政支持社会救助的标准就成为发展标准，即是为了提高被救助者的发展能力而进行的全面救助，重点包括教育救助、就业救助等。

表 6－2　　中国不同时期社会救助目标分解

目标	区域范围		程度	救助范围							
	贫困地区	全国	标准	城乡低保	医疗救助	特困人员供养	教育救助	就业救助	住房救助	临时救助	自然灾害救助
2020 年目标	√		最低标准	√		√				√	√
			发展标准		√		√	√	√		
2020 年后目标		√	最低标准								
			发展标准	√	√	√	√	√	√	√	√

资料来源：笔者整理得出。

2. 积极引导社会工作参与社会救助

社会工作就是由经过专业训练的社会工作者运用科学的知识和方法对社会中的贫困人口进行帮助，目的是预防贫困的发生和传递，促进贫困人口适应正常社会的服务活动。社会工作由于其专业性较强，无论在理念还是方法上对于现代的社会救助体系都有重要的意义，能够提供社会融入服务、能力提升服务、心理疏导服务、资源链接服务和宣传倡导服务，可以引导社会救助服务模式的创新。为了在2020年使得社会工作在社会救助领域中的范围和受益人群增加，按照《关于加快推进社会救助领域社会工作发展的意见》的精神，应该加强财政对于社会工作参与社会救助领域的支持措施。

三、基于AR模型的2020年社会救助财政投入规模预测

根据《中国民政统计年鉴》，使用Stata14.0利用1978～2016年中国社会救助的财政投入规模，对于中国2020年的社会救助财政投入进行预测。政府的财政投入时间序列一般都存在前后依存关系。最简单的前后依存关系就是变量与前一期的变量有关。用数学模型表示为：

$$Z_t = \beta_0 + \beta Z_{t-1} + \delta_t$$

常记为AR(1)，$\{Z_t\}$ 为平稳序列，β_0 为截距项，β 为 Z_t 对 Z_{t-1} 的依赖程度，δ_t 为随机扰动项序列。

（一）社会救助财政投入趋势

从图6－1的走势可以看出，社会救助的财政投入从1995年开始涨幅增加，2000年后增长更加明显。2005～2016年间社会救助的财政投入变化最大，呈爆发式的激长。

（二）社会救助财政投入的ADF检验

如表6－3所示，ADF检验值为－2.614，小于显著性水平1%～10%的ADF临界值，接受原假设认为原序列是平稳的。

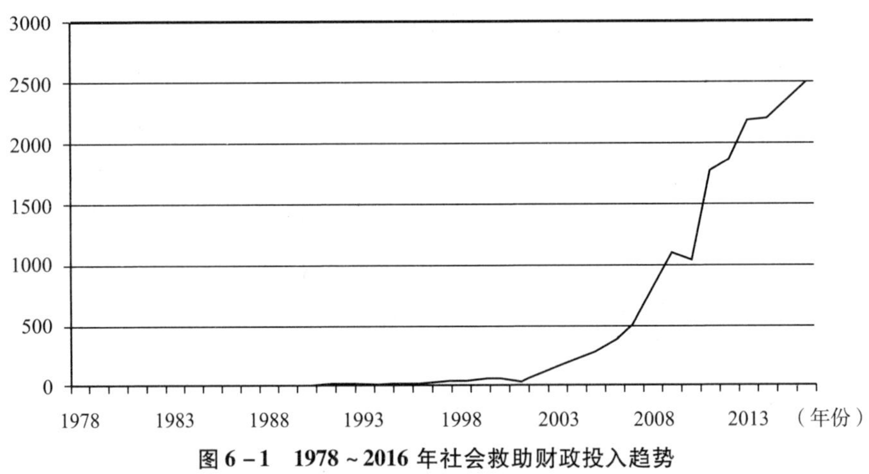

图 6-1 1978~2016 年社会救助财政投入趋势

表 6-3　　ADF 检验结果

Dickey-Fuller test for unit root			Number of obs = 38	
Test Statistic	1% Critical Value	5% Critical Value	10% Critical Value	
Z（t）	2.928	-3.662	-2.964	-2.614
MacKinnon approximate p-value for Z（t） = 1.0000				

（三）自相关与偏自相关图

由图 6-2 自相关图所示，5 阶后，自相关系数均在 2 倍标准差范围内，序列短期相关。该自相关系数为不截尾。如偏自相关图所示，除延迟 1 阶的偏自相关系数在 2 倍标准差范围之外，其他均在范围内作小值随机波动，所以为 1 阶截尾。因此可考虑拟合模型为 AR(1) 模型。

（四）建立模型

根据表 6-4，得出预测公式为：

SAE(社会救助财政投入) = 154.3257 + 0.9917187 × L. SAE

Sample: 1978 2016
Included observations: 39

Autocorrelation	Partial Correlation		AC	PAC	Q-Stat	Prob
		1	0.854	0.854	29.257	0.000
		2	0.699	-0.116	49.382	0.000
		3	0.547	-0.075	62.085	0.000
		4	0.388	-0.127	68.668	0.000
		5	0.301	0.165	72.763	0.000
		6	0.192	-0.186	74.482	0.000
		7	0.110	0.034	75.065	0.000
		8	0.058	-0.006	75.230	0.000
		9	0.018	0.051	75.247	0.000
		10	-0.016	-0.112	75.260	0.000
		11	-0.044	0.027	75.366	0.000
		12	-0.065	-0.028	75.609	0.000
		13	-0.082	0.002	76.009	0.000
		14	-0.091	-0.040	76.528	0.000
		15	-0.104	-0.010	77.235	0.000
		16	-0.116	-0.032	78.153	0.000

图 6－2　自相关与偏自相关

表 6－4　　AR(1) 建模结果

Sample：1978 －2016　　Number of obs =39
Wald chi2 （1）=331. 82
Log likelihood = －253. 9165　　rob > chi2 =0. 0000

y	Coef.	Std. Err.	z	P > |z|	[95% Conf. Interval]
y_cons	1175. 022	1223. 332	0. 96	0. 337	－1222. 665　3572. 709
ARMA arL1.	0. 9917187	0. 054442	18. 22	0. 000	0. 8850143　1. 098423
/sigma	154. 3257	7. 446271	20. 73	0. 000	139. 7313　168. 9202

（五）预测及结论

我们根据已有的 2016 年社会救助财政投入的数据进行短期预测，到 2020 年时社会救助的财政投入的规模约为 3020. 90. 75 亿元，比 2016 年增加了 394. 42 亿元，年均增长率为 4. 77%（如表 6－5 所示）。

表 6-5　　**AR 模型预测结果**　　单位：亿元

年份	2017	2018	2019	2020
社会救助财政投入预测值	2626.48	2759.05	2890.52	3020.90

这意味着在2020年前，为了全面脱贫，需要财政每年持续加大对于社会救助的投入规模，争取4.77%左右的年均增长率，这是全面脱贫的底线保障，也是中国增进民生福祉、共享发展成果、全面实现小康社会的基础。社会救助的发展重点包括：提高城乡低保的救助标准、城乡统一的特困人员供养、“救急难”临时救助项目的增加等。

第二节　中国社会救助财政支持的原则

一、“救助优先、动态调整”的原则

社会救助作为基本公共服务的基础内容，财政支持是根本。公共财政支出的“救助优先”是指财政在做预算时增加对于社会救助的投入。财政对于社会救助的投入的增速可以与财政支出增量的增速保持一致或在其之上，这样可以克服社会救助财政投入过快的增长。另外，减少不必要的财政支出，继续控制和缩减财政支出的“三公”经费来保证基本公共服务和重点民生支出。逐步加大对社会救助的财政投入，实现对于更多贫困人口的救助，充分发挥收入再分配的功能。

社会救助的“动态调整”是指社会救助的内容是复杂和动态的，随着社会经济的发展而相应调整，而且在不同的国家，社会救助的内容和范围也是不同的。“动态一”是指社会救助标准、项目和内容与人均可支配收入同方向变动。社会救助的内容和标准随着经济发展水平的提高而“水涨船高”是必然趋势。中国的经济实力增强，人均可支配收入不断提高，绝对贫困人

口的减少，使得社会救助项目中用于生存型的项目比例在保持不变的前提下，用于发展型社会救助的项目和内容应不断增加。提高教育救助的范围和水平，扩大医疗救助、住房救助、法律救助的覆盖人群，逐步建立包括：物质、精神、能力、资源等内容在内的综合性救助，更好地衔接社会救助与扶贫开发，积极推进“救急难”工作等都是社会发展和人的全面发展的重要内容。“动态二”是指社会救助的对象是“应退尽退”，接受救助的人群只要能够自立，就应该退出社会救助机制，避免“养懒汉”。“动态三”是指社会救助的财政支持方法和手段的不同。适应新形势，对新的救助手段采用新的财政支持，教育救助、住房救助的财政投入手段都可采用新手段，既发挥救助的功能，又不对财政造成过重的负担。

二、“财政新常态、支持新方法”的原则

随着中国经济增速放缓，中央及各级财政进入“新常态”，社会救助发展转型面临“三难”：“一难”是由于社会救助的刚性特征使得社会救助的支出会继续增加（郑秉文，2011；邓大松，2012；林义，2013），再加上新常态下经济社会结构调整、老龄化的到来可能会出现失业人员、贫困老年人等更多的社会贫困群体；“二难”是指经济增速减慢带来的财政收入增速减慢，可用于社会救助的财政收入总量受限。“三难”是指社会救助发展趋势要求财政投入的结构适时调整，财政投入要从生活救助为主体发展为生活救助、专项救助和临时救助共同发展。这“三难”即“支出多了、收入少了、结构变了”，对社会救助的财政支持提出了更高的要求，既要提高救助资金的使用效率，同时又要优化救助资金的结构。“新常态”下，社会救助也进入“新常态”，其“兜底”作用在经济新常态下更重要。所以，提高社会救助的效率，改善社会救助的体制机制，实现社会救助主体的协同治理①。

① 赵曼，胡思洋．社会救助制度的功能定位与改革逻辑［J］．财政研究，2015（2）：23.

（一）适应"新常态"的社会救助财政支持的可持续发展

2014 年，中国进入经济"新常态"发展阶段，财政收入最明显的体现是增速降低，相比较之前较快的财政收入增长而言，社会救助面临的财政投入资金增量约束增大。在资金总量受限的情况下，要更加关注资金的救助效果，把救助资金整合、优化，发挥更好的使用效益。

社会救助在任何国家作为最后的保基本保民生的工程，其作用都是任何制度所无法替代的。中国在新中国成立后尤其是改革开放后社会救助的发展取得了很大进步，也保证了各项经济社会改革的顺利进行。但是随着经济的发展，人的需求层次的提高，社会救助的内容和范围不断在改变，逐步形成了具有中国特色的社会救助体系，其救助内容逐步健全和完善，涵盖救助的各个方面。当前中国社会救助按照"托底线、救急难、可持续"的制度定位进行发展改革。财政支持和保障社会救助的工作应该由地方政府的"最后选择"向"政绩工程"转型，促进各级政府加大社会救助财政投入的积极性。当然社会救助要在"立法先行"的前提下形成制度化、机制化的投入增长机制，保证贫困人口的基本生活。为此，研究社会救助要站在动态、可持续的角度，不能总是"救急"，形成长效运行机制才是财政执行能力的根本体现。

（二）社会救助财政支持方式的创新

同样的问题，解决方法的不同会带来不同的效果。出现问题不会打乱方阵，而重要的是有解决问题的方法，方法的创新是根本。社会救助的内容会不断增加，教育救助、医疗救助、住房救助等内容都是随着经济实力的增强而出现的，如何在有限的财政收入中提供这些救助项目，是各级政府都要面临的问题。目前发展型社会救助对财政支持提出了新的要求。不断创新思路，提出新的解决方法。例如，住房救助中采用的政府购买服务的方法等都能有效解决。再比如，社会救助领域中可采用"到岸价"的思路，对于一些救助项目的财政拨款投入，中央可以根据地方最后脱离救助的人数来进行转移支付。

三、“精准支持、精准救助”的原则

在社会救助财政支持中把救助资金纳入预算后，社会救助的资金来源有了保障。但对于如何使用社会救助资金更为重要。在中国“精准扶贫”的理念下，社会救助也同样需要实现“精准救助”。精准救助，从救助对象上看是“救助真正需要救助的人”，从救助标准上看是“保障最低生活水平”，从救助方法手段上看是“因人而异的分类救助”。例如，在最低生活保障制度中实行的“应退尽退”就是救助人群精准的体现。

第七章

优化中国社会救助财政支持的体制研究

第一节　明确各级政府社会救助事权和支出责任

一、政府间社会救助事权和支出责任划分的原则

（一）按照社会救助的受益范围决定政府间事权和支出责任

凡是全国范围受益的公共产品应该由中央提供，凡是收益范围仅局限于某一区域的公共产品则由地方政府提供，而在不同区域都会受益的公共产品应该由中央和地方共同提供。由于社会救助的公共产品属性——开放性的地方公共产品，决定了必须由中央和地方共同提供。

（二）按照信息优势来决定政府间社会救助的事权和支出责任

社会救助的前提是必须接受家庭收入的调查，需要根据调查得到的信息来判断是否符合救助条件，而该项调查费时、费力且成本较高。调查由当地

政府进行更为便捷、高效，这是由于地方政府在获取被救助者方面具有信息优势，更容易获取这些信息。由地方管理的社会救助的成本相对于中央来说也更低。

（三）按照收入再分配功能的大小来决定政府间社会救助的事权和支出责任

社会救助是收入再分配的手段之一，但是不同救助项目其再分配功能的大小也不同。在社会救助中，城乡最低生活保障、住房救助具有一定的区域性，可由当地政府来提供。医疗救助、教育救助、灾害救助、临时救助等项目的再分配功能要更强一些，应该由中央政府来提供。

所以，根据上述原则，社会救助是由中央和地方共同来负责的共有事权，但是以地方政府为主，应该根据各救助项目发挥的再分配功能的不同而相应调整中央和地方政府的事权和支出责任，逐步加强中央的社会救助事权和支出责任。

二、立法规范并逐步加大中央和省级社会救助事权和支出责任

借鉴西方发达国家的经验，通过国家立法来划分各级政府的社会救助事权和支出责任，这是社会救助发展的基础工作。通过立法明确社会救助的责任分担机制后，应该加大中央和省级的社会救助事权和支出责任。社会救助属于具有开放性的地方公共产品，应该由中央和地方共同进行财政投入。从国际经验来看，政府间社会救助的责任有如下三种：即中央财政全部负担、中央和地方共同负担、全部由地方政府负担。但是在中央和地方共同提供的过程中会出现“互相推诿”的现象。“地方等中央，中央靠地方”的现象是社会救助财政投入不足产生的重要原因。由于社会救助属于特殊的公共产品，具有“开放性的地方公共产品、软公共产品、非经济性公共产品、公益品、权益—伦理型”的特点，使得社会救助在中央和地方的支出责任划分时更为困难。

按照“适当加强中央的事权和支出责任”的精神，在社会救助领域中也贯彻该精神，社会救助的事权适当向中央转移。共有社会救助事权中央支出占比大一些，增进中央的支出责任。由于中国区域经济发展不平衡，实行中央政府主导下的地方分责制比较合理，尝试建立中央调剂金制度。在推行某项社会救助制度、提高救助标准或某项救助制度时，当地方财政难以为继时，中央能够及时给予适当的财政补助，保证这些地方有能力开展或完善该救助项目。中央和地方的事权和支出责任可以根据具体的救助项目来进行划分。中央与地方政府之间可以通过救助项目分配财政和管理责任，如中央政府负责全国的最低生活保障，地方政府则根据本地的经济发展水平来承担与之相应的教育、医疗、住房等专项救助项目的经费支持，同时通过政策鼓励非政府组织作为补充的救助力量。在中国，随着城镇化的推进，越来越多的流动人口的出现，跨区域流动的人口也会越来越多，社会救助不应局限在户籍所在地，所以在社会救助事务中，中央的财政责任会不断加大。中央可通过安排转移支付将部分事权支出责任委托地方承担。对于跨区域且对其他地区影响较大的救助项目，中央通过转移支付承担一部分地方事权支出责任。

在划分省及地方各级政府的社会救助支出责任时，可以适时加强省级政府的支出责任，减少县级政府的支出责任，改变目前支出责任划分不明确而导致的财政投入不足的现状。例如，2015 年开始，广东省开始对社会保障的部分事权和支出责任在省与市县间进行了置换调整，逐步上移部分事权和支出责任①。

第二节　规范政府间社会救助转移支付

社会救助的转移支付是收入再分配的方式之一，经济落后地区可以从上

① http：//finance. ifeng. com/a/20141121/13294605_0. shtml.

级政府及经济发达地区获得救助资金，实现社会救助均等化，更好发挥“兜底”作用。

一、加大中央、省级财政对县级财政社会救助转移支付力度

（一）加大中央对于县级社会救助的转移支付

从纵向转移支付看，社会救助的公共产品属性决定了社会救助属于中央和地方共同的事权。加之人口流动频繁的必然性，使得社会救助成为跨地域的事权，这种跨区域性要求中央要承担责任。在各国的社会救助发展中，中央财政支持是最强有力的后盾。所以，中央政府应更多地承担社会救助的财政投入职责，加大对地方的社会救助财政投入，逐步提高救助标准，不能过度依靠地方财政。随着财税体制改革提高两个比重，中央财力得到加强和巩固，有能力为地方社会救助财政提供更大的财力支持。中西部是反贫困任务的重点地区，但这些地区财政相对比较困难，在社会救助上往往力不从心。为此，中央政府在进行财政支付转移时，要充分考虑中西部地区及其县区级财政困难的现实情况下，给予一定倾斜。在中央财政对贫困县区的转移支付中可以简化步骤、缩短环节，以此来保障县区实际获得的转移支付数额，提高转移支付效率。对于“老少边穷”地区，转移支付力度只能加强不能减弱。另外，从 2011 年开始建立的中央对地方均衡性转移支付制度，中央根据科学的方法计算出对不同省市的中央转移支付规模，有利于平衡不同省市间的财力差异，落后的省级政府可以得到较多的均衡性转移。

（二）加大省级对于县级社会救助的转移支付

从地方政府即省及以下地方政府之间的关系来看，加大省级对基层政府的转移支付，以此来保障基层财政有比较充实的财源基础。目前中国的社会救助财政负担主要压在基层政府即县区级政府的财政上，这些地方本身财力状况较差，同时还是社会救助的实施地区，社会救助任务重，与此对应的社

会救助的财政投入负担也较重，省级政府应该逐步增加对县级政府的转移支付。落后的省级政府在接收到中央的均衡性转移支付后，安排省以下均衡性转移支付资金的时候要重点安排社会救助项目。

另外，在实行纵向支付模式的同时，还应该考虑把横向转移支付作为必要补充，比如经济发达的“北上广”地区对经济落后的中西部困难地区进行的贫困支援。横向转移支付可以在一定程度上缓解由于区域间经济、财力的不平衡造成的各地区社会救助不均等的情况。

二、科学计算社会救助财政转移支付额度

目前中国在转移支付中所采用的基数法不甚合理，一些影响因素未纳入计算范围。建议采用国际上通用的“因素法”。因素法最大的优点是避免转移支付中出现的随意性和主观性，增强转移支付设计的公开性，提高转移支付的效率。所以，因素法首先要考虑不同地区的人均可支配收入，还要考虑到各地公共商品和服务支出成本的差异。在社会救助的转移支付设计中，可以从收入和支出两个角度考虑。在收入上，涉及的因素包括：GDP、财政收入、人均可支配收入等。在支出上，涉及的因素包括：救助人数、项目、标准等。这些因素的确定可以科学地测算救助资金的总额，以此来准确确定转移支付的规模。

第八章

完善中国社会救助财政支持的机制研究

第一节 建立社会救助财政投入稳定增长机制

一、与人均可支配收入增长同步——基于 VAR 模型的实证分析

关于社会救助的财政投入，诸多研究基本上是通过规范论述和调研来完成，方法较为简单，动态实证缺乏。所以，本书关于社会救助财政投入的动态研究更有意义。

理论上来说，随着社会经济的发展，用于社会救助的财政投入规模越来越大，财政收入主要来源于：居民可支配收入的增加和政府财政收入的增加。为了得到中国社会救助的财政投入的最主要的影响因素是什么，以验证中国当前有关社会救助财政支持的力度，提出假设。

假设一：

H_0：人均可支配收入的增加可以促进人均社会救助支出的增加。

H_1：人均可支配收入的增加不能促进人均社会救助支出的增加。

假设二：

H_0：人均财政收入的增加可以促进人均社会救助支出的增加。

H_1：人均财政收入的增加不能促进人均社会救助支出的增加。

（一）变量选择和数据搜集

实证模型的检验过程如下：通过采用 1997 ~ 2016 年 20 年间的人均社会救助财政投入、人均财政收入和人均可支配收入进行 VAR 模型分析。本书采用的数据是历年《中国财政年鉴》《中国民政统计年鉴》等宏观数据。因为实证中要避免所研究的变量其本身的不平稳而导致缪回归，所以采用以下步骤展开分析：第一，选择单位根检验验证数据的平稳性；第二，用 ECM 模型和协整分析，观察数据之间的多年期动态变化关系；第三，运用 VAR 脉冲响应来比较社会救助财政投入对居民可支配收入的冲击的反应结果及效应分析。

民政部政策研究中心（2013）指出社会救助的投入取决于居民人均可支配收入、财政收入等因素①。人均社会救助财政投入的数据来源《中国民政统计年鉴》中用于城市低保及其他城市社会救济、农村低保及农村其他社会救济和医疗救助的合计数据②。本书中的 PSS 代表人均社会救助财政投入，PI 代表的人均财政收入，CI 代表居民人均可支配收入，原始数据进行了对数化处理。使用 Eviews7. 0 软件进行分析。

（二）单位根检验

单位根检验采用迪基和富勒（Dickey and Fuller，1981）的 ADF 检验进行，检验方程根据使用既有截距项又有时间趋势的方式。检验结果如

① 民政部政策研究中心课题组．“中国城乡困难家庭社会政策支持系统建设”课题研究报告（2009 年度）［M］. 北京：中国社会出版社，2013（2）：285.

② 《中国民政统计年鉴》直接没有社会救助的财政投入，本书把社会救助的主体：城市低保及其社会救济、农村低保及其他社会救济和医疗救助三者合计的财政投入数据来代替社会救助财政投入。

表 8－1 所示，ADF 临界值大于全部数据的原序列 ADF 值检验值，因此原序列平稳。

表 8－1　　　　数据 ADF 检验值

变量	检验类型	ADF 检验值	概率 P 值
lnPSS（人均社会救助财政投入）	（C，T，2）	－7.511422	0
lnCI（居民人均可支配收入）	（C，T，1）	－5.722548	0.0003
lnPI（人均财政投入）	（C，T，2）	－4.981463	0.0013

从表 8－1 中可以看出，在显著性水平为 5% 时，各变量的时间序列 ADF 检验中都存在单位根。在 5% 的显著性检验水平下，原序列是非平稳序列，变量的二阶差分均拒绝了单位根假设，成为平稳时间序列，均为 I(2) 序列。ADF 检验是协整分析的基础。

（三）协整分析

我们用 Johansen 最大似然法分析各个变量的协整关系。采用 Johansen 检验法依次研究人均可支配收入、人均财政收入与人均社会救助投入三个变量之间是否存在长期协整关系。

1. 建立 VAR 模型

协整检验前，先建立向量自回归（VAR）模型，其构造原理在于，将系统中的每一个内生变量作为系统中所有内生变量滞后值的函数，从而估计出内生变量间的动态关系，是一种基于时间序列数据的统计学属性而建立的模型。VAR(P) 数学的一般表达式为：

$$Y_n = \theta_1 Y_{n-1} + \cdots + \theta_s Y_{n-s} + AX_n + \varepsilon_n$$

（其中，n＝1，2，3，…，n）

其中：ε_n 属于白噪声向量，r×r 维矩阵 A 和 r×i 维矩阵 θ_1，θ_2，…，θ_n，是待估计的系数矩阵，Y_n 是 r 维内生变量列向量，X_n 是 p 维外生变量列向量，n 为样本个数，s 为滞后阶数。

2. 确定滞后阶数

应用 AIC 信息准则、SC 信息准则、LR 统计量、HQ 准则与 PEP 最终预测误差这五项准则来衡量。依照此准则，得出人均社会救助财政投入、居民人均可支配收入、人均财政收入以 LR 统计量为依据建立 VAR（2）模型。因为新模型中所有根的模型倒数都在圆内，证明均小于 1，如图 8－1 所示，所以该模型稳定。

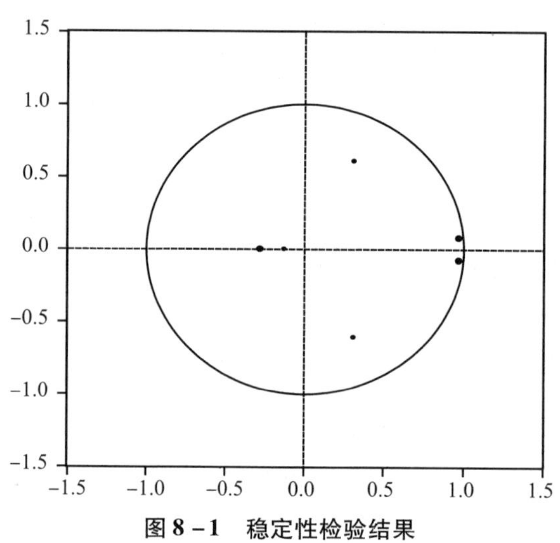

图 8－1　稳定性检验结果

3. 协整检验

因为变量均是同阶单整，所以确定了滞后阶数之后，可以做 Johansen 协整检验。对人均社会救助财政投入、居民人均可支配收入、人均财政收入做协整分析，得出序列有确定趋势但存在截距项，结论如表 8－2 所示。

表 8 -2　　协整检验的结果

特征值	迹统计量	P 值**	最大特征统计值	P 值**	结论
1. 000000	604. 5438	0. 0001	587. 7888	0. 0001	None *
0. 590619	16. 75504	0. 0321	14. 28975	0. 0495	At most 1 *
0. 142797	2. 465291	0. 1164	2. 465291	0. 1164	At most 2

根据表 8 -2 显示的协整结果，在 5% 的统计显著性水平下，这 3 个变量之间具有 2 个长期协整关系，即人均社会救助财政投入和人均可支配收入之间存在长期均衡关系。

4. 格兰杰因果检验

利用 VAR（2）模型检验人均社会救助财政支出、人均居民可支配收入以及人均财政收入之间是否有显著的格兰杰因果关系，结果如表 8 -3 所示。

表 8 -3　　格兰杰因果检验的结果

原假设	自由度	x^2	P 值
lnPSS 的方程			
lnCI 不能格兰杰引起 lnpss	2. 60902	2	0. 2713
lnPI 不能格兰杰引起 lnpss	5. 057815	2	0. 0797
lnCI 和 lnPI 不能同时格兰杰引起 lnpss	5. 260093	4	0. 2616
lnCI 的方程			
lnPSS 不能格兰杰引起 lnCI	1. 266946	2	0. 5307
lnPI 不能格兰杰引起 lnCI	5. 057815	2	0. 0603
lnPSS 和 lnPI 不能同时格兰杰引起 lnCI	5. 260093	4	0. 0828
lnPI 的方程			
lnPSS 不能格兰杰引起 lnPI	2. 60902	2	0. 33333
lnCI 不能格兰杰引起 lnPI	5. 057815	2	0. 4576
lnPSS 和 lnCI 不能同时格兰杰引起 lnPI	5. 260093	4	0. 385

由表 8 -3 可知，在 10% 的置信水平下，拒绝 lnPI 不能格兰杰引起 lnPSS，lnPI 不能格兰杰引起 lnCI，lnPSS 和 lnPI 不能同时格兰杰引起 lnCI 的原假设，可以认为 lnPI 能格兰杰引起 lnPSS，lnPI 能格兰杰引起 lnCI，lnPSS

和 lnPI 能同时格兰杰引起 lnCI。这意味着中国人均财政收入对人均社会救助财政投入具有格兰杰意义下的影响，与经济发展理论相符，人均财政收入意味着国家财政收入能力，国家财政收入的能力直接决定可用于社会救助的财政投入规模。人均财政收入对居民人均可支配收入具有格兰杰意义下的影响，意味着人均财政收入最终可以引起居民可支配收入的增加。人均社会救助财政投入和人均财政投入同时格兰杰引起 lnCI，这说明国家财政收入和社会救助投入会引起人均居民可支配收入的变动，即国家财政投入增加和社会救助财政投入的增加最终会使人均可支配收入增加。

（四）脉冲响应

脉冲响应函数反映随机扰动项受到冲击时对内生变量当期及未来的影响。基于 VAR 模型，运用脉冲响应函数来分析人均社会救助支出受自身冲击、人均可支配收入冲击和人均财政收入的冲击后的反应形态及影响程度，即分析人均可支配收入和人均财政收入对人均社会救助财政投入的影响时滞问题。

使用 Eviews7.0 软件对稳定的 VAR 模型做脉冲响应函数分析，发掘各变量间相互作用的动态路径，结论如下。

1. 人均社会救助财政投入的脉冲响应

根据图 8－2 看出，当期人均社会救助财政投入受人均可支配收入的正向冲击为零，之后为正向冲击，并随着期数的增加正向冲击逐步增加。但是到了第 5 期达到最大后其增加量逐步减少并趋向于零。这说明人均可支配收入的增加总体可引起人均社会救助财政投入的增加。这一结论与上述协整检验的结果吻合，说明：人均可支配收入对人均社会救助财政投入的增长有累积效应，随着时间推移这种效应会逐步平稳，总体来看，这种正向的冲击影响还是较弱的。人均可支配收入的增加意味着本国经济实力的增强，国家用于社会救助的财政投入会增加。这一点通过国际对比和中国经济发展可以验证。发达国家的经济水平高，人均可支配收入较高，则用于社会救助的财政投入相应较高。而不发达国家由于人均可支配收入较低，用于社会救助的财政投入相应较少。在中国，这个规律同样存在，随着人均可支配收入不断提

高，则社会救助的财政投入逐步增加。

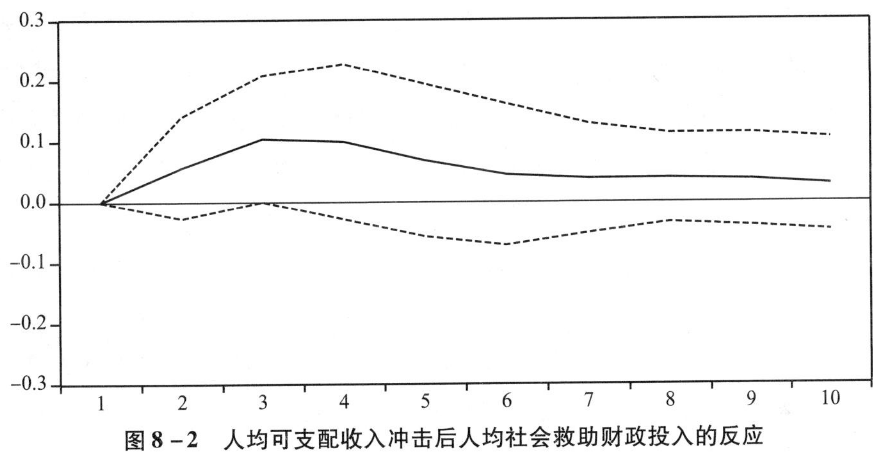

图 8－2　人均可支配收入冲击后人均社会救助财政投入的反应

2. 人均可支配收入的脉冲响应

根据图 8－3 看出，居民人均可支配收入受人均财政收入的正向冲击，并随着期数的增加逐步增加，在 4 期达到最高值后其增加量逐步减少并基本保持稳定，这说明总体人均财政收入的增加可引起居民人均可支配收入的增加。

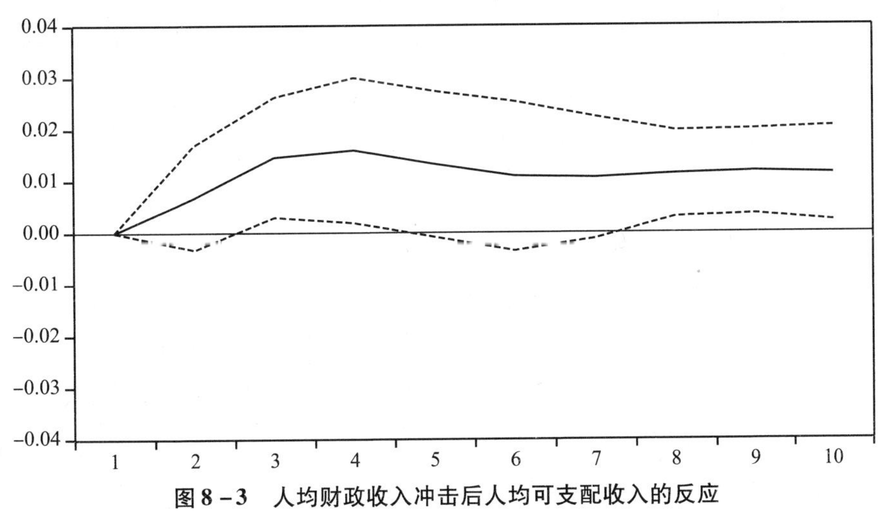

图 8－3　人均财政收入冲击后人均可支配收入的反应

（五）方差分解

为了说明某段时间内人均社会救助财政投入受人均可支配收入和人均财政收入的冲击而出现的震荡中，到底自身冲击、人均可支配收入和人均财政投入的冲击分别占比例为多少，下面将人均社会救助财政投入作为预测变量，对人均可支配收入和人均财政投入进行方差分解，来获得人均可支配收入和人均财政投入的贡献度（见图 8 -4）。

可见，在第 2 期，lnCI 和 lnPI 的贡献率分别为 8.54%、9.39%，即在该时点 lnPSS 的变动，8.544% 是 lnCI 的变动引起的，9.39% 是 lnPI 的变动引起的，82.06% 是自身变动引起的。但随着期数增加，lnPSS 的变动受自身变动的影响越来越小，lnCI 的贡献率越来越大，lnPI 的贡献率也越来越大。在第 10 期，lnCI 和 lnPI 的贡献率分别达到 37.89% 和 24.61%，即人均社会救助财政投入的影响随着期数的变化，人均可支配收入对其贡献率越来越大，人均财政收入对其贡献率也越来越大，但是人均可支配收入的贡献率要更大一些。总体来看，人均社会救助支出期初受自身影响最大，随着期数的增长其自身的贡献率逐步下降。人均财政投入对人均社会救助财政投入初期的贡献率大约在 9% 左右，并随着期数的增加在第 10 期能达到 24% 的贡献率，人均财政投入对人均社会救助财政投入存在一定的贡献，但反应时间较长。人均可支配收入对其初期的贡献率大约在 8% 左右，并随着期数的增加在第 10 期能达到 37% 的贡献率，人均可支配收入对人均社会救助财政投入存在一定的贡献，但反应时间较长。

（六）结论

假设一应该接受原假设，即认为中国人均可支配收入的增加可以促进人均社会救助财政投入的增加。假设二应该拒绝原假设，接受备则假设，即认为人均财政收入的增加不能促进人均社会救助支出的增加。

Period	S. E.	lnPSS	lnCI	lnPI
1	0. 146925	100. 0000	0. 000000	0. 000000
2	0. 185291	82. 06221	8. 544379	9. 393416
3	0. 236600	53. 51074	21. 17644	25. 31283
4	0. 276143	41. 20041	27. 14061	31. 65898
5	0. 300400	38. 42187	29. 61278	31. 96535
6	0. 319278	38. 90558	30. 81518	30. 27923
7	0. 336851	39. 33396	32. 15575	28. 51029
8	0. 353665	38. 93024	33. 96837	27. 10139
9	0. 369155	38. 27485	35. 86025	25. 86489
10	0. 382782	37. 89383	37. 48817	24. 61799

Variance Decomposition of lnCI：Period	S. E.	lnPSS	lnCI	lnPI
1	0. 017708	5. 733312	94. 26669	0. 000000
2	0. 020133	6. 112304	82. 38809	11. 49961
3	0. 025150	5. 920356	52. 99375	41. 08589
4	0. 030013	5. 720274	37. 24005	57. 03967
5	0. 032838	4. 896263	31. 16009	63. 94365
6	0. 034659	4. 568963	28. 11548	67. 31555
7	0. 036322	4. 572646	25. 61018	69. 81718
8	0. 038139	4. 492121	23. 32839	72. 17949
9	0. 040045	4. 392314	21. 52992	74. 07777
10	0. 041834	4. 462611	20. 27142	75. 26597

Variance Decomposition of lnPI：Period	S. E.	lnPSS	lnCI	lnPI
1	0. 030200	2. 968656	1. 611296	95. 42005
2	0. 045874	3. 584205	1. 886247	94. 52955
3	0. 053757	2. 824162	1. 408634	95. 76720
4	0. 058077	2. 880352	1. 237731	95. 88192
5	0. 061760	3. 560851	1. 095674	95. 34348
6	0. 065787	3. 935477	1. 247329	94. 81719
7	0. 070102	4. 068347	1. 874945	94. 05671
8	0. 074158	4. 331946	2. 700721	92. 96733
9	0. 077742	4. 900704	3. 557601	91. 54169
10	0. 080994	5. 704434	4. 487375	89. 80819
Cholesky Ordering：lnPSS lnCI lnPI				

图 8－4　方差分解

（1）根据脉冲响应图可以得出：人均可支配收入对人均社会救助财政投入有正向影响，并且影响程度随着滞后期数的增加而先上升后减少，并趋向于零，人均可支配收入的增加可以刺激人均社会救助财政投入的增加。因为人均可支配收入相比于在岗职工平均工资更能反映当地的人民生活水平，更能揭示社会救助财政投入增加的必要性。理论上，人均可支配收入越高，居民的生活水平成正比，国家经济实力越高，国家财政收入越多，用于社会救助的财政投入就越多。OECD 国家通常用居民人均可支配收入的 50% 作为一个国家或地区的贫困线。在中国，以最低生活保障为例，人均社会救助财政投入即为社会救助平均支出水平：

人均社会救助的财政投入 = 最低生活保障标准 − 居民实际收入

（其中，最低生活保障标准≥当地上年度城乡居民人均可支配收入 ×20%）

所以，人均可支配收入越高，当地最低生活保障标准就越高，在居民实际收入一定的情况下人均社会救助的财政投入就越高。但是，随着时间的发展，人均可支配收入对人均社会救助财政投入的影响先上升后减少，并趋向于零。这是因为一般来说，随着居民人均可支配收入越高，该地区的人民生活水平就越高，需要社会救助的对象就越少，财政投入的自然就越少。所以，由于社会救助的财政投入与人均可支配收入具有长期稳定的均衡关系，不断提高居民人均可支配收入才能增加用于社会救助的财政投入。

（2）人均可支配收入还受人均财政收入的正向影响，增加人均财政收入会最终增加人均可支配收入。一个地区的人均财政收入不仅反映了该地区的经济发展水平，更预示了今后本地的发展环境以及民生得以改善的程度。较高人均财政收入，会带来人均可支配收入的增加，也往往意味着有更多财政投入用于社会救助。

二、与财政支出增长同步

社会救助资金中的主体一直都是各级政府的财政投入，包括：中央财政、地方财政尤其是市县级财政。各级政府财政投入规模的扩大为社会救助的建立、发展和改革提供了重要的财力支撑。当前，中国可以由国家统一制定社会救助财政投入口径，把社会救助纳入国民经济和社会发展统计体系序列，按照社会救助支出占当年财政总支出的比重指标要求，保证社会救助支出与财政总支出实现同步增长。同时，调整中国现行的财政支出结构，规范财政支出中的存量和增量关系，大力投向社会救助，努力提高社会救助支出占财政支出的比重，实现3% ~4%的目标。在扩大社会救助财政投入规模的过程中，为了避免出现短期对社会救助财政投入增加而形成的社会救助刚性，保持社会救助财政投入增长的稳定性，应该使得用于社会救助的财政支出的增长率与财政支出的增长率保持一致，这样才能形成稳定的增长机制。

所以，社会救助的财政投入增长机制需要考虑人均可支配收入和财政支出这两个主要的因素。目前中国出台的关于社会救助的相关法规中，从支出水平上看，对于社会救助的核心——城乡低保都要求要做到低保标准的自然联动增长。但是从收入角度看，没有明确提出社会救助财政投入的内在增长机制。积极借鉴有些国家把社会救助的财政投入与该国的人均可支配收入、GDP、财政支出等因素相联系的做法，建立社会救助财政投入稳定增长机制，实现社会救助财政投入的稳定增长。

第二节　财政支持结构精准化

一、区域精准

区域精准是指财政支持的区域是真正需要救助的区域。在中国主要是边远贫困地区，所以要加大对于经济落后地区社会救助的财政支持。分税制以来，事权下放，社会救助的具体经办和管理都由县级地方政府负责。但是财权上升，许多经济落后地方政府无财力进行社会救助，而这些地区也正是社会救助需求最大的地方，出现了许多困难人员的无法得到相应的救助。同时，社会救助的发展直接与地方的经济发展水平相关，经济发展的差异使得各地社会救助标准存在较大差异。在经济发展水平有限和财政收入不足的情况下，贫困地区的社会救助则只能靠社会救助的转移支付来实现，包括中央对地方的纵向转移支付和地方政府间的横向转移支付。纵向转移支付是指中央加大对于经济落后地方社会救助的财政投入，省级政府加大对于县级政府的转移支付。这也是源于社会救助的开放性的地方公共产品属性，社会救助的实施是有利于当地、本省和全国的正外部性的公共产品。所以，中央和省级政府的责任应该加大。横向转移支付是指经济发达地区对于经济落后地区的社会救助财政投入的转移支付。目前，中国社会救助的转移支付中纵向转移支付的比例较大，应该探索横向转移支付的实现，平衡地区间社会救助发展，实现全国范围的社会救助均等化。

二、项目精准

项目精准是指针对不同的救助项目其相应财政支持的规模和力度不同。当前中国社会救助的财政资金更多地用于保基本的城乡最低生活保障制度，社会救助资金中70%以上用于最低生活保障，其他社会救助项目支出较少。根据2015年民政部的统计数据，在城市居民最低生活保障对象中，有劳动能力人口比重仍高达20%。对于这部分受救助对象，应该积极挖掘利用其劳动能力，帮助其自食其力，而不是“不劳而获”。在加强受救助对象的思想教育的同时，还应该帮助受救助对象创造良好的劳动条件和劳动机会，比如提供职业介绍、职业培训等。基于发展型救助理念，加大对于专项救助的投入，发挥专项救助的专项作用，准确定位特殊困难群体的专项救助需求，实现社会救助目标的提升，即消除穷人的可行能力，保障穷人的基本发展。例如，重视就业救助、教育救助和医疗救助，加大财政对医疗、教育和住房救助的投入，加快专项救助的发展。在就业救助上，对有劳动能力的救助对象提供就业培训和指导，使其重新找到工作实现自力而不再依靠社会救助。

在医疗和教育救助上，逐步增加财政投入规模，这两项社会救助的实施可以打破贫困的恶性循环，改善受救助对象的健康状况与劳动能力，提升人力资本水平，提高其生活质量。总的来看，由于医疗、教育和住房救助的建立时间较晚，相对于其他救助项目仍然水平较低、资金投入不足。因此，在未来中国社会救助的发展过程中，应将这些专项救助作为重点，增加财政投入资金，使之获得较快的发展。具体来看，不同救助项目的财政支持如下。

（一）保持基本生活救助项目的财政支持规模

（1）城乡低保：针对目前省级财政投入不足的现实，省级通过优化和调整财政支出结构来增加对于城乡低保的投入。中央财政对于城乡低保的投入重点是贫困人口多、经济落后地区。在中央对最低生活保障补助资金做出分配时，可以推广目前的“以奖代补”的办法，对工作绩效突出地区给予奖励，引导各地进一步完善制度，加强社会救助资金的管理。对于具体实行低保的基层工作部门的行政经费纳入地方各级财政预算。当基层低保工作经费不足时省市级财政给予适当补助。

（2）特困人员供养：主要是农村五保、城市“三无”人员等无劳动能力的人，应该保持现有财政支持力度，包括现金支持和服务救助。其中，对于可以自理的人员给予现金，而对于无法自理的人员则更多给予包括粮油、服装、疾病治疗和殡葬等服务。这些服务则可以通过政府采购或购买服务的方式进行。同时，在制度安排上，做好特困人员供养与其他社会保险制度的衔接，能够纳入社会保险则纳入社会保险发挥互助互济的作用，以此减轻国家财政负担。

（二）增加专项救助项目的财政支持规模

专项救助的目的要比生活救助的目的性更强一些，“发展型”的理念更深刻一些。专项救助项目是中国社会救助转型时期的重点内容。

（1）医疗救助上，医疗救助基金的筹集中增加县及以上公共财政预算的比重，扩大彩票公益金中安排的城乡医疗救助资金的比重。同时增加上级财政对经济困难地区的补助。在医疗救助基金支付时，财政部门加强审核管理，建立与医疗保险制度相衔接配套的医疗救助制度，确保城乡困难居民“病有所医”，是防止因病致贫的基础保障。

（2）教育救助上，教育投资是最有利于经济发展和增加穷人福利的项目。通过提高被救助对象的文化教育水平和就业技能来提高其就业能力，例如，加大对于被救助对象的义务教育和免费职业技术教育的投入，提高其应对和抵抗社会风险的能力。

（3）就业救助上，以赋能为中心，确保城乡贫困户青壮年劳动力接受职业技术、技能培训的可及性和可得性，确保城乡贫困户新成长劳动力全面接受义务教育和免费职业技术教育，同时实施公共就业保护政策，提供并开发有效就业机会，促成有劳动能力的穷人积极就业，走向自立。鼓励企业吸纳就业救助对象，享受社会保险补贴、税收优惠、小额担保贷款等就业扶持政策。对于就业救助的财政支持可以从专项就业培训和公共就业培训两方面进行。专项就业培训按照城乡统一、定型、制度化的要求，完善其公共财政支持保障、专项管理和专门的组织结构、人力保障及服务流程，采用贷款贴息、岗位补贴、培训补贴等办法进行有针对性的救助。在公共就业培训上，以赋能为中心，确保城乡贫困户青壮年劳动力接受职业技术、技能培训的可及性和可得性。

（4）住房救助上，增加县及以上各级政府财政预算安排，同时鼓励多渠道共同筹资，扩大符合农村住房救助的农村危房改造的财税优惠政策，扩大公共住房的供应范围。在享受住房救助的环节，通过对低收入家庭的租赁补贴、租金减免等财税政策减轻受助者的经济负担。

（三）增加临时应急救助项目的财政支持规模

（1）自然灾害救助上，每年编制的自然灾害生活救助资金年度预算要适灾情的大小和受灾程度适时调整。对于重特大自然灾害，实行中央对于地方的自然灾害补助金，补助金由中央和地方共同承担，各自承担比例可采用因素法进行。纳入的因素应该包括：发生灾害地方的经济水平、人均财政收入、受灾程度等。目前，中央负担比例最高的是对于经济落后地区补助金的比重达到70%。由于自然灾害的不可预知性和偶发性，自然灾害的救助应该属于全国性的公共产品，理应加大中央财政投入负担的比重。同时，积极吸引自然灾害生活救助的彩票公益金和社会捐赠资金。在救助资金的使用上，对自然灾害生活救助资金实行专账核算，确保专款专用。对于救灾物资的供应上，采取发放实物救助形式的，要严格按照政府采购管理有关规定进行采购，并将救助物资发放到受灾群众手中。在制度安排上，积极探索自然灾害救助与商业保险的结合。

（2）流浪乞讨人员的社会救助上，中央财政应该设立用于补助各地区开展流浪乞讨人员救助的专项转移支付资金。要求各级财政部门通过预算进行配套。资金支付按照国库管理制度，专款专用，用于流浪乞讨人员的各种救助项目，包括：生活、医疗、教育、返乡和临时安置等。在资金的使用上，对流浪乞讨人员救助补助资金进行绩效评价，在救助资金的预算安排、预算执行、使用管理等情况进行考核。

三、群体精准

群体精准是指对于不同的救助群体其财政支持的方式不同。即根据“十三五”规划的思想，居住证制度的实行能够保证城镇化过程中使有能力的农业转移人口能够享受到和城市居民一样的基本公共服务。所以，应该对在城镇化过程中长期被忽略的两大类特殊人群——失地农民和农民工的社会救助进行优化完善。

（一）失地农民

加大对于失地农民的教育救助和就业救助力度。中国城镇化进程中，土地上直接的表现就是大量的农业土地被占用，于是产生了失地农民。他们失去常年耕作的土地的同时，如果没有很好地适应非农生活，则会陷入生活困境。对于失地农民的社会保障一直以来都备受重视，中国初步建立了失地农民社会救助制度。但是目前失地农民的社会救助只是满足失地农民吃、穿，尽管最低生活保障制度较为完善，但对于失地农民的医疗救助、教育救助、司法救助等发展型的社会救助项目仍然较少。社会救助项目呈现如下特点："生存性大于发展性，输血性大于造血性"。所以，这种低水平的重复的救助，不能从根本上帮助失地农民实现再就业，也不能保证失地农民接受教育积累资本，从而无法彻底摆脱贫困状况。失地农民的社会救助不是生存型的社会救助，更应该是发展型的社会救助，他们缺少适应社会的工作能力和工作机会，对他们进行劳动技能的培训和教育是社会救助的发展重点。所以，财政要加大对失地农民的就业救助的投入。

（二）农民工

传统的城乡二元结构随着城镇化的推进出现了第三种群体——农民工。中国进城农民工的大规模出现始于20世纪80年代。从农民工自身看，由于其文化水平、技能水平比较低，选择工作的机会更少；从其工作性质来看，由于农民工在城市的工作大多不稳定，流动性较强。所以，他们在城市中的生活可能随时遇到困境。针对农民工的社会保障问题从党的十六大后就开始进行，最早建立的是农民工的社会保险制度。但由于社会保险制度设计的不合理和农民的流动性较强，使得能够享受社会保险的农民工很少。而对于农民工更重要的社会救助却因为户籍制度一直以来未能实现。农民工的流入地基本未建立针对农民工的社会救助制度，农民工也不能享受当地的救助。但有个别地方政府开始尝试建立部分项目的救助制度，例如，从2010年9月开始，在广州的农民工可以享受医疗救助。2016年3月山东德州的外来人口也可以享受城市低保，但是具有严格的条件：在城镇本地居住满3年、在农村无承包土地、不参加农村集体经济收益分配。2016年起，贵州的农民工可以享受当地的医疗救助，条件是持有当地居住证且在当地连续居住1年以上并符合当地医疗救助条件。

从农民工的流动方向来看，农民工主要流入东部发达地区，由于东部发达地区经济实力较强，国家的社会救助转移支付规模较小，当地的社会救助资金主要由地方自己解决，50% 以上源于地方财政，中央财政的拨款非常少。由于中央拨款少，地方政府没有动力和能力去建立农民工的社会救助。所以，要解决流入地农民工社会救助的资金问题，中央财政通过专项资金大力支持农民工流入地社会救助，而不是简单根据流入地的经济发展水平，调整财政转移支付的结构和比例，从而让流入地政府有动力和激励去建立针对农民工社会救助。

（1）建立农民工社会救助专项资金转移支付制度。目前，中央财政应该设立农民工社会救助专项资金转移支付制度，包括无条件的转移支付和有条件的转移支付，同时要求使用专项资金的地方政府进行配套补助，这样通过地方政府的配套补助就把目前的一些临时的、闲散的社会救助资金统筹使用。同时，可以考虑从农村土地流转收益的国家调节基金中支出部分用于农民工社会救助专项资金。人的城镇化最基本的表现是享有社会救助服务的均等化，而不再区分城市和农村。

（2）社会救助的转移支付与常住人口直接关联。由于目前中国的包括社会救助在内的财政转移支付是以地方户籍人口人均财力为计算依据，而户籍人口并不是实际的居住人口。中国应尽早建立社会救助财政的转移支付与常住人口直接挂钩的机制。中国居住证制度的实行要求基本公共服务与常住人口对应，实现基本公共服务常住人口的全覆盖。这就要求财政转移支付同真正实现市民化的农业转移人口挂钩。在中国城镇化的整体规划和人口布局下，在农民工社会救助专项资金中，以各地实际常住人口为核心依据计算转移支付的比例。这对于农民工流入地集中的地区来说，会极大调动其建立农民工社会救助的积极性。

（3）发行社会救助的地方特种债。农民工社会救助体系是个专业且全面的系统。目前中央转移支付规模有限，农民工专项救助项目的资金压力还较大，只能解决一些基本救助项目所需的资金，而对于发展型的救助项目“爱莫能助”。在此情况下，可以考虑让经济较发达的东部城市在经济承受范围内，通过发行地方社会救助特种债来专门用于农民工的住房、教育救助等方面的建设，促进农民工社会救助的发展。

（三）建立“应保尽保、应退尽退”机制

社会救助的对象应该实现“应保尽保、应退尽退”，即保证所有低收入水平的贫困人口真正纳入社会救助，而当救助对象生活水平提高后则及时退出救助体系，使得社会救助成为一个流动的贫困服务站。可以在基层的各乡镇设立“社会救助服务窗口”，保证贫困人口的“求助有门、受助及时”。由于对社会救助对象家计调查中存在的项目和因素较多而家庭收入统计无标准导致的“关系保”和“错保”现象，近年来各省市对社会救助对象开始重新认定。例如，内蒙古从2014年开始精准锁定救助对象。通过统一的家庭核查口径，在原有单纯考虑家庭收入要素的基础上，增加了家庭支出因素的考虑，支出因素主要包括：年龄、疾病、赡（抚、扶）养人等。在收入审查的同时，推行了救助对象的审批听证制度，审核程序严格规范，使得社会救助政策能够公平公正实施。

第三节　财政支持方式多样化

一、建立财政激励措施

财政激励措施是对被救助对象设立工作补助金和收入豁免政策等，即政府鼓励被救助者在接受救济的期间去工作取得一定的收入。鼓励的方式主要有两种：其一是对被救助者给予一定的工作补助金，也就是受助者除了取得工作收入之外，还可以接受政府的补助金，且两项之和大于只靠救助金的被救助者的收入。其二是计算被救助者按照差额领取的救助金时其工作取得的收入免于计算，即收入豁免。这两种方式都是为了保证受助者在救助期内实现就业后总收入高于不工作而依赖社会救助时的收入，减少“贫困陷阱”

发生的概率。通过改变救助金支付结构，产生出“劳动创造收益就能够改善生活”的效应，促使有劳动能力的救助对象积极寻找工作。美国工作收入课税扣除（EITC）和英国工作家庭课税扣除（WFTC）就是这种理念下产生的。目前，中国部分省市在最低生活保障制度中也建立了收入豁免政策。上海市2007年开始为了鼓励低保人员实现就业自立，对低保家庭中的就业人员，除给予其家庭其他成员低保补差救助外，另对其每月发放就业生活补贴，让有就业人员的家庭得到的收入大于不去就业的家庭。

二、政府购买社会救助服务

（一）社会救助服务

广义的社会救助服务包括：行政管理性服务和专业劳务服务。狭义的社会救助服务，是由政府主导，引导社会力量共同面向救助对象提供的生活照料、教育与就业、医疗康复等方面的日常照料服务以及其他社会支持性服务。通常使用狭义的社会救助服务，具体包括生活照顾、心理疏导、精神慰藉、资源链接、能力提升、社会融入等多样化、个性化服务①。不同群体的社会救助服务内容有所区别，如表8－4所示。

表8－4　　　　社会救助服务分类

类别	目标人群	内容
生活性服务	低保家庭、贫困的老年人家庭、单亲家庭等	家庭服务、托管、照料、看护等
康复、护理服务	救济贫困的残疾人、病患者、高龄老年人和其他失能、介护人员	护理、康复等
庇护性服务	孤儿、监护缺失家庭的儿童、流浪儿童	收养、照料、托管、救助返家服务等

① 林闽钢．关于政府购买社会救助服务的思考［J］．行政管理改革，2015（8）：25.

续表

类别	目标人群	内容
就业扶持服务	登记失业者、贫困在职人员、就业脆弱家庭	就业信息服务、就业培训、职业介绍、就业维权服务
专业辅助服务	行为失范家庭（家庭暴力）、社区矫正人员（吸毒、刑释解教人员）	心理咨询、心理疏导、心理慰藉、行为矫治服务等

资料来源：江治强．经济新常态下社会救助政策的改革思路［J］．西部论坛，2015（7）：37.

（二）政府购买社会救助服务

政府购买社会救助服务是将本应由政府直接提供的社会救助服务“外包”给非政府组织，政府与非政府之间通过契约合同的形式来提供社会救助服务。政府购买社会救助服务是中国社会救助制度转型和升级的需要，同时也有利于政府职能转变，有利于培育和发展社会组织。“发展型社会救助”要求救助的内容越来越全面、救助的方式越来越多样化，这些都对政府的服务提出了新要求。政府购买社会救助服务是中国政府职能转变的重要体现，把部分社会救助服务交给其他社会组织和专业机构，既可以优化公共资源的配置，又可以促进社会参与，实现有限政府职能的目标。政府购买社会救助的过程就是社会救助的生产和消费过程，如图 8－5 所示。

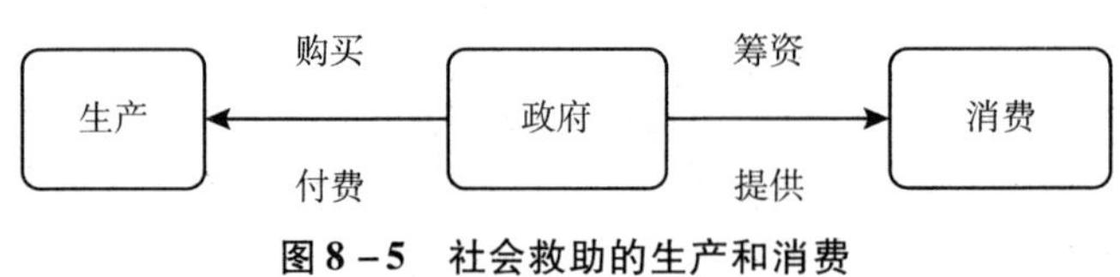

图 8－5　社会救助的生产和消费

（三）加大社会救助购买服务范围

政府购买社会救助服务既有利于政府职能的转变，又有利于社会救助服务的专业化，是“一举两得”的方法。所以，政府应该增加各级政府对社会救助服务的投入，将购买社会救助服务所需资金纳入各级财政预算，根据政府购买的社会救助服务项目可适时调整预算安排来保证政府购买服务的实施。同时设立社会工作服务社会救助对象专项资金，形成财政投入的长效稳定机制。另外，加大留存使用的彩票公益金对社会工作服务社会救助对象支持力度。例如，内蒙古将购买城乡最低生活保障的服务费用按照低保工作经费纳入地方各级财政预算①。

在社会救助服务的购买主体上，可由地方政府、民政部门设置公益岗位统一购买或向社会招聘。在承接主体上，既可以是直接聘请的专职人员，也可以是社会组织的专业服务，还可以是市场。例如，2013 年，广东省通过公开招标的方式将城乡低保和五保户的调查工作外包给当地的专业组织②。在购买服务范围上，包括资金、生活照料服务、心理疏导等方面的服务。在购买服务运行机制上，不断规范购买流程、设立科学的考评监督机制。组织建立利益相关方的综合评审机制，从政府的财政资金使用绩效和承接项目的社会力量的服务绩效两个方面，对购买服务项目进行严格的考核评审。对于社会力量进行的救助行为，有关部门要定期评估，一旦发现有虐待、伤害流浪乞讨人员或非法用工嫌疑的，及时报告警方或劳动监督部门依法处理。

在医疗救助上，不断创新救助方式，各地采用政府购买服务的方式积极开展商业补充医疗保险工作，明确保障范围、赔付比例、年度最高赔付限额，进一步简化理赔手续，切实减轻困难群众的医疗负担。通过招、投标等方式，选择社会公信力高的优质慈善组织承担医疗援助服务项目，探索慈善资源援助重特大疾病贫困患者的路径、方法和程序。

在流浪乞讨人员救助上，将该项救助纳入政府购买服务，通过购买服务、项目合作、经费补贴、“以奖代补”等方式，解决流浪乞讨人员生活照料、医疗救治、教育矫治等方面的服务需求。民政部门和救助管理机构可通过购买服务，由爱心家庭和依法登记的福利机构、护理机构为特殊受助人员提供生活照料服务；可通过与社会工作机构、心理咨询机构、康复治疗机构、教育培训机构等开展项目合作，为流乞人员提供心理疏导、教育矫治、

①② 张晶靖．健全政府购买服务机制，提升社会救助治理能力［J］．中国民政，2014（8）：40.

行为干预、康复训练和技能培训等专业救助服务。另外，政府还可引导慈善捐赠面向流浪乞讨人员的救助服务。

第四节　财政支持管理科学化

一、建立科学的社会救助预算

（一）社会救助预算编制规范化

中国社会救助预算编制应和社会救助项目相一致。1978 年的《中国民政统计年鉴》只有“社会福利及其他社会救济费”项目，社会福利和救济合并。2001《中国民政统计年鉴》的“社会福利”和“社会救助”项目分开，“社会救助”下设“城市低保及其他城市社会救济”“农村低保及其他城市社会救济”“医疗救助”三项。2011 年《中国民政统计年鉴》“社会救助”项目下设改为“城乡低保”“其他社会救助”“医疗救助”三项。社会救助预算科目的改变体现了社会救助制度城乡整合、项目整合的发展现状，但是低保、医疗救助之外的其他具体救助项目的支出费用情况仍然没有。社会救助的预算要根据救助内容设立相应的预算科目，应该建立和健全与社会救助项目一致的预算科目，社会救助项下可细分为八大类子项目，明确和细化综合财政预算支出项目，对社会救助资金实行全面管理。

（二）社会救助财政预算管理科学化

社会救助财政预算是加强社会救助资金管理的重要手段，是财政预算的细化，是扩大预算公开范围、增强财政透明度的要求。社会救助预算管理中，按照“增一般、减专项”的思路，整合各级财政社会救助资金，压缩专项资金数量和规模，加大一般性转移支付。针对当前市县是社会救助的财政投入主体的现状，加大中央、省级财政对于社会救助的投入。同时，清理整合各类专项救助资金并调整为一般性转移支付。例如，可行办法包括：将省级预算安排的按照项目分散的专项资金统一整合为“社会救助转移支付资金”，列为省对市县一般性转移支付。由市县根据社会救助项目需要，统筹安排使用。市县级政府作为社会救助的实施主体，统筹上级和本级社会救助资金，因地制宜地制定救助标准。同时，按照 2015 年颁布的《关于实行中期财政规划管理的意见》，在社会救助预算编制时实行中期财政规划，对于某一救助项目的结余资金及时清理，两年以上的不再结转。这就要求民政部门统筹规划使用各社会救助项目的资金。

二、完善社会救助财政支持绩效评价体系

社会救助财政支持的绩效管理是社会救助有效管理和财政支出优化的保障，通过绩效管理，能够减轻财政负担，使得救助资金发挥更大的效用。社会救助财政支出的绩效评价，包括：救助资金的节约、救助目标的实现、救助结果的公平。所以科学绩效评价包括：评价指标、评价方法及评价过程三方面的科学性。中国社会救助财政支出的绩效评价刚刚起步，但还没有建立起完善的绩效评价体系，目前仅有城乡低保的绩效评价开始实行。由于目前中国社会救助包括的八大项目的内容不同，给各救助项目的绩效评价体系的建立带来较大的挑战。绩效评价的建立要引导地方财政投入的增加。同时，对于各级财政的社会救助资金要努力盘活，减少救助资金的结余。

三、加强社会救助资金的财政监督

社会救助财政资金作为政府的民生资金，有必要开展专项监督。社会救助财政投入资金的监督是指政府有关部门、社会组织和人民群众的三方代表

对社会救助资金的收入与支出运行过程的监督管理，以更好地实现社会救助的目标，保证社会救助资金的安全运行。构筑社会救助资金的监督体系，是通过层层监督、环环制约，努力消除不利于社会救助资金的行为和因素，提高社会救助资金的安全性和效率性，确保救助资金规范使用，实现“精准救助”，使得有限的财政资金发挥最大的效益。

社会救助资金的监管应遵循下列原则：（1）坚持对社会救助资金循环全流程的监管；（2）坚持对社会救助资金全方位的监管；（3）坚持社会救助相关部门、机构之间互相制衡；（4）坚持事前监管、事中监管、事后监管相结合并以事中监管为主；（5）对社会捐赠、福利彩票发行的监管采取现场监管与非现场监管相结合，并以非现场监管为主。

社会救助资金的监督体系包括社会救助资金内部监督机制、社会救助资金外部监督机制、社会救助资金监督法制体系等三个组成部分。社会救助资金的内部监督可分为社会救助部门的稽查、会计监管、核算审计和预算监管四个方面，其主要职能是防止社会救助机构及其工作人员贪污、私分或非公正处置社会救助资金。社会救助资金的外部监督分为财政监督、审计监督和社会监督三个方面，其主要职能是对资金日常管理中发生的违规行为及风险事件（贪污、挪用、挤占社会救助资金等）及时发现、处理，确保资金安全稳定运行。社会救助资金监督法制体系是资金内部监督与外部监督得以顺利实行的法律保证。目前，部分省市开始对社会救助的资金进行监管。在湖北，省财政厅从2013年开始重视社会救助资金的监督检查，《关于进一步落实财政支持社会保障政策措施的通知》对于市县政府的社会保障主体责任提出要求，建立社会保障经费投入机制才能足额筹措和及时拨付社会保障补助资金。2014年，省财政厅进行检查，检查的结果与救助资金分配挂钩。2015年，全省财政社会保障工作的主题就是“落实政策、落实资金”①。

① 湖北省财政厅．完善社会保障补助资金转移支付制度［J］．中国财政，2015（12）：24－25.

第五节　财政支持的其他配套改革

一、合理界定社会救助、社会保险、社会福利

社会救助项目的功能定位不明确会使社会救助项目与其他社会保障子项目如社会保险、社会福利之间存在边界模糊，就会出现“成本转嫁”“道德风险”问题。

（一）社会救助、社会福利的合理配置

当社会救助与福利的功能定位和边界不清，会产生“劣币驱逐良币”，人们的最优策略一定是“当懒汉”，社会救助偏离了它的制度设计初衷。当前，社会救助项目福利化的倾向并未引起重视和警惕，在政府责任强化的同时，进一步挤出了社会组织的参与空间。社会救助与社会福利的混淆会导致政府干预太多，财政负担加重，同时也会阻碍市场的正常作用。

（二）社会救助、社会保险的合理配置

社会保障最早是由社会救助发展而来的，工业化之后产出了社会保险并逐渐成为社会保障的核心内容，社会救助的地位开始下降。但是即使社会保险很发达的国家社会救助仍然存在且发挥着重要的基础作用，这是社会保险不能替代的。在中国，社会救助和社会保险的关系如何处理，两者在社会保障中的地位如何，目前学界也有不同的两种看法，观点一：大力发展社会救助更适合中国国情，提高社会救助作用，减轻社会保险的负担。观点二：扩大社会保险的覆盖面，把绝大多数纳入社会保险，减轻社会救助的财政支出。本书认为，中国社会保障的发展指导方针“低水平、全覆盖、保基本、可持续”决定了社会保险的全覆盖性，即把绝大多数人纳入社会保险从而

减轻社会救助的负担。

社会救助与社会保险作为现代社会保障体系的组成部分，都是一种收入再分配的工具，但是，各自所体现的收入再分配的性质和功能却有泾渭之分。如表 8 -5 所示。

表 8 -5　　社会保险与社会救助的对比

项目	社会保险	社会救助
覆盖对象	有劳动能力、工资收入且参保缴费	无劳动能力或无收入来源的人
资金来源	社会保险费（税）为主，财政预算为辅	财政预算为主、社会捐赠为辅
资金管理	参保者缴费和收益的对等，专款专用	个人不付费，纳入预算的一般公共预算支出
资金分配	遇到风险：遭受分险和未遭受风险的人之间收入的再分配	高收入和低收入的人之间的收入再分配
代表项目	五险	生活救助、医疗救助、教育救助等
政策目标	减少各种风险对收入的冲击	互助共济，维持低收入人群的基本生活

资料来源：笔者归纳整理得出。

社会保险的前提是事前参保缴费，社会救助享受的前提是调查的收入或财产低于某一标准。在各国，中高收入者有能力参加社会保险，保险的多缴费多受益的原则也使得这部分人群愿意参保。对于低收入者来说，受经济能力的限制，无法参加社会保险则只能选择社会救助。绝大多数国家的社会保障体系中都是以社会保险为主，社会救助为辅的。绝大多数人的社会风险通过社会保险实现后，进入社会救助的人就相应减少。一个社会中，普遍的社会保险系统减少了社会救助的需求①。

在任何国家，财政收入总量定额的前提下，用于社会保险和社会救助的

① Renate Minas. Social Expenditures and Public Administration：Are Local Social Assistance Costs in Sweden a Matter of Organisation? [J]. International Journal of Social Welfare，2012：217 -224.

比例要合理恰当。第一，当社会保险财政投入资比重过高而社会救助财政投入的比重较低时，对于社会中的低收入者来说，享受社会救助的标准和时间期限等就会减少，以此来应对财政投入的减少，此时会使得大量的低收入者、非正规就业人员及失业人员更易陷入贫困。第二，当社会救助财政投入的比重过高而相应社会保险的比重低，社会救助的调节收入差距的收入再分配功能更显著，但带来的弊端就是社会出现"贫困陷阱"，更多的人依靠社会救助而不去工作。这种现象影响了在职劳动者工作的积极性，不利于整个社会的经济发展，会降低经济效率。在拉美，尽管非缴费性的社会救助更能够发挥济贫的作用，但是社会救助的财政投入小于社会保险的财政投入，用于社会保险的财政投入占整个社会保障财政投入的80%以上，因此社会救助的调节收入差距的再分配效果较小。由于社会保险的覆盖面较窄——仅有部分中高收入者参保，国家对于社会保险的财政投入大于社会救助的财政投入，事实上就产生了收入分配的"逆向调节"——高收入者通过社会保险获益更多，而低收入由于无法参加社会保险而只能参加有限财政投入下的社会救助。

当前，中国民生财政的理念下，国家用于社会保障的财政投入不断增加，但是财政对于社会保险的补助资金较多，而用于社会救助的相对较少。社会保险的"碎片化"出现了大量的社会保险既得利益者。中国目前对于城市社会保险的补助较多而用于社会救助的财政资金较少。但是目前中国社会保险的覆盖人群主要是行政事业单位工作人员和城镇企业职工，这两类群体的收入稳定、身体较好，享受的社会保险待遇要高一些，这与国家每年大量的财政补助有关。而同时，社会中收入较低、工作不稳定、身体状况较差的非正式就业群体、老弱病残等则被纳入城乡居民社会保险体系。由于城镇职工和城镇居民社会保险体还没有实现一体化，享受不到高收入者对该体系的收入转移，再加上国家财政对城乡居民社会保险体系投入不足，使得收入再分配的功能发挥有限；而那些收入最低的群体无能力参加各种社会保险时则只能依靠相对有限的社会救助资金。为了更加充分地发挥社会救助的收入再支配功能，中国社会保障的财政投入结构应该有所调整，适当加大对于社会救助的财政投入。在公共财政下，中国应该转变财政支出的传统思维，从“更加注重改善民生”的立场出发，将社会救助这一关系“民生底线”的支出项目摆到政府财政支出序列的首要位置。

二、加大对社会组织参与社会救助的财税支持

社会救助主体和资金来源的多元化和社会化是必然趋势。社会救助自产生以来就是政府和慈善、民间组织等社会组织共同来实现的，两者密不可分，但是孰轻孰重在不同国家却有所不同。赵曼、胡思洋（2015）认为：“政府在社会救助领域干预过多，不仅对民间救助有挤出效应，而且带来了巨大的财务压力和政治压力①”。在发达国家，慈善、民间组织等社会组织参与保障了社会救助效果最大化，在合作的过程中，如何处理政府与慈善组织的合作关系、各自的角色分配是至关重要的。在中国的社会救助领域中，《社会救助暂行办法》提出了鼓励单位和个人等社会力量参与社会救助，参与的方式包括：捐赠、设立帮扶项目、创办服务机构、提供志愿服务等。政府的职能是搭建良好的救助平台，引导、规范社会救助；而社会组织的职能是参与、服务于社会救助，提供更人性化和专业化的救助服务。在中国，对于社会捐赠、慈善公益资金、彩票公益金等，应该逐步规范化，形成规模化、常态化的社会救助资金筹集机制。具体措施包括：

（一）积极促进慈善事业的发展

完善慈善组织等社会力量参与社会救助的优惠政策，包括：财政补贴、税收优惠和费用减免等政策，引导和鼓励慈善组织参与社会救助工作。在慈善组织的登记备案、募捐许可等程序上降低“门槛”、简化手续。2015 年民政部和国资委下发《关于支持中央企业积极投身公益慈善事业的意见》要

---

① 赵曼，胡思洋．社会救助制度的功能定位与改革逻辑［J］．财政研究，2015（2）：23.

求中央企业通过设立慈善组织、发挥好已成立基金会的作用等方式加强参与公益慈善事业，实行公益性捐赠税收优惠政策，即中央企业对发生的公益性捐赠支出进行所得税税前扣除。

（二）积极促进福利彩票事业的发展

中国福利彩票的发行就是为了筹集社会救助资金，彩票公益金按照政府性基金管理办法纳入预算，实行收支两条线的管理。根据《中央专项彩票公益金法律援助项目实施与管理暂行办法》的规定，做到公开透明、专款专用、监管严格、覆盖广泛及重点突出。

（三）鼓励建立地方社会救助基金

按照国际惯例，对于非盈利等社会组织的资金采取基金管理形式，可以通过基金的运作实现保值增值，为社会救助提供资金。

（四）其他资金来源的探索

开征特种税或是对于高消费行为的消费税作为社会救助资金的来源；或者是国有资产经营收益的部分划归为社会救助专项资金。另外，还可以减少其他公共项目支出来增加社会救助支出份额。

三、推动社会救助与扶贫开发的衔接

在中国，社会救助和扶贫开发都是反贫困的手段，社会救助在扶贫开发中发挥“兜底”作用。社会救助和扶贫开发两者有所区别。社会救助的对象是无劳动能力和无法自已脱贫的贫困人口，通过最低生活保障进行“兜底”，但实际上中国社会救助对象中也有部分有劳动能力的人。扶贫开发的对象是有劳动能力的贫困人口，主要是通过扶持产业、帮助就业等措施脱贫。二者的统筹发展有助于更好地改进反贫困效果。在扶贫开发中，把丧失劳动能力的贫困人口给予社会救助，全部纳入最低生活保障，发挥社会救助

“兜底”保障作用。对于有劳动能力的贫困人口则应该加强职业技能培训，增加其就业能力，真正实现自力更生。争取社会救助和扶贫开发两者的充分结合，充分发挥各自在脱贫攻坚中的积极作用。当然，随着社会救助的发展，在中国社会救助与扶贫开发的功能会逐步实现统一。

参 考 文 献

[1] 白晨，顾昕．省级政府与农村社会救助的横向公平——基于 2008 ~ 2014 年农村最低生活保障财政支出的基尼系数分析和泰尔指数分解检验 [J]．财政研究，2016 (1).

[2] 毕红霞，薛兴利，李升．论农村最低生活保障财政支持的适度性与政策优化 [J]．农业经济问题，2012 (1).

[3] 白景明．统筹考虑事权、支出责任和收入划分 [J]．中国社会科学报，2015 (3).

[4] 曹清华．德国社会救助制度的反贫困效应研究 [J]．德国研究，2008 (3).

[5] 曹清华．英国现代社会救助制度反贫困效应 [J]．河南师范大学学报（哲学社会科学版），2010 (9).

[6] 曹信邦，刘晴晴．农村社会养老保险的政府财政支持能力分析 [J]．中国人口·资源与环境，2011 (10).

[7] 曾崇碧．政府民生保障职能与社会救助财政投入机制分析——以重庆市城乡社会救助为例 [J]．经济体制改革，2009 (4).

[8] 车文军．广西公共财政教育支出影响因素的实证分析 [J]．广西社会科学，2010 (5).

[9] 陈水生．整体性救助：社会救助制度的功能整合研究 [J]．浙江社会科学，2013 (11).

[10] 陈婷，陈夏婷．析中国政府对社会保障的财政责任 [J]．经济体制改革，2007 (6).

[11] 仇晓洁，李聪等．中国农村社会保障支出均等化水平实证研究——基于公共财政视角 [J]．江西财经大学学报，2013 (7).

[12] 崔志坤，朱秀变．中国近期及中期财政收入预测分析 [J]．统计与决策，2010 (11).

[13] 丁建定．中国社会保障制度整合与体系完善纵论 [J]．学习与实践，2012 (8).

[14] 方刚毅．完善中国社会保障财政制度的法律思考 [J]．中央财经大学学报，2003 (9).

[15] 冯俏彬，贾康．权益—伦理型公共产品：关于扩展的公共产品定义及其阐释 [J]．经济学动态，2010 (7).

[16] 冯盛芝，陈嘉羽等．对中国财政社会保障支出模型分析 [J]．经营管理者，2011 (1).

[17] 傅勇．财政分权、政府治理与非经济性公共物品供给 [J]．经济研究，2010 (8).

[18] 高乐坤，杨芷晴．城镇化视角下财政社会保障支出结构变化研究 [J]．社会保障研究，2013 (4).

[19] 高灵芝．中国社会保障体系框架下社会救助与社会福利的关系——兼论社会救助制度的完善 [J]．东岳论丛，2011 (11).

[20] 高梦滔，顾昕．福建农村最低生活保障制度筹资与发展战略 [J]．贵州师范大学学报（社会科学版），2006 (5).

[21] 高文敏．借鉴国外社会救助的经验　完善中国城镇居民的最低生活保障 [J]．理论探讨，2004 (6).

[22] 宫晓霞，崔华泰，王洋．财政支持农村社会养老保险制度可持续发展：国外经验及其启示 [J]．经济社会体制比较，2015 (2).

[23] 宫晓霞．新型农村社会养老保险制度建设中的财政支持研究 [J]．财政研究，2011 (8).

[24] 关信平，郑飞，肖萌．社会救助筹资及经费管理模式的国际比较 [J]．社会保障研究，2009 (9).

[25] 关信平．朝向更加积极的社会救助制度——论新形势下中国社会救助制度的改革方向 [J]．中国行政管理，2014 (7).

[26] 郭林，张巍．积极救助述评：20 世纪以来社会救助的理论内核与政策实践 [J]．学术研究，2014 (4).

[27] 何邓娇．广州市财政收入影响因素的实证研究——基于 VAR 模型分析 [J]．经济研究导刊，2014 (15).

[28] 何平，金维刚，汪泽英．部分国家社会保障财政支出分析 [J]．中国社会保障，2006 (9).

[29] 何平，李实，王延中．中国发展型社会福利体系的公共财政支持研究 [J]．财政研究，2009 (6).

[30] 何平．中国社会救助政府责任的回归——基于对责任主体责任划分的探讨 [J]．华北电力大学学报，2011 (10).

[31] 赫英迪．对国家财政用于社会福利支出的预测分析 [J]．太原师范学院学报 (自然科学版)，2006 (3).

[32] 胡浩，冯俊，张任东．关于财政支农事权与支出责任划分的思考 [J]．预算管理与会计，2015 (7).

[33] 纪玉哲，吴知音．社会救助制度的财政保障问题研究 [J]．财经问题研究，2013 (5).

[34] 冀慧珍．社会救助的政策建构和实践完善：发展型社会政策的视角 [J]．经济问题，2014 (3).

[35] 贾康．从原则到现实：中央、地方事权与支出责任合理化中的立法思维 [J]．财会研究，2014 (5).

[36] 江治强．中国社会救助的财政问题与对策探析 [J]．山东社会科学，2008 (5).

[37] 景宏军，王李存．基于 VAR 模型的地方财政收入的动态预测和结构分析——以黑龙江省为例 [J]．财会研究，2015 (3).

[38] 柯华庆．"谁请客，谁买单"——建构分税制支出责任与事权相匹配原则 [J]．中国财政，2013 (22).

[39] 柯卉兵. 略论社会保障财政纵向失衡 [J]. 中国社会保障, 2008 (10).

[40] 柯卉兵. 中国社会保障财政支出的地区差异问题分析 [J]. 公共管理学报, 2009 (1).

[41] 孔金平, 涂文静. 非政府组织在农村社会救助中的作用 [J]. 行政论坛, 2008 (1).

[42] 寇铁军, 苑梅. 制度建设与财政支持——农村社会养老保险可持续发展研究 [J]. 财经问题研究, 2011 (1).

[43] 匡小平, 杨得前. 基于因子分析与聚类分析的中国地方财政支出结构的实证研究 [J]. 中国行政管理, 2013 (1).

[44] 郎大鹏. 基于公共服务视角的社会保障财政责任分析框架研究 [J]. 求索, 2012 (7).

[45] 郎大鹏. 中国社会保障的财政责任 [J]. 学术论坛, 2012 (5).

[46] 黎民. 中国社会救助资源分配的公平性研究 [J]. 福建论坛, 2008 (9).

[47] 李超民. 美国养老事业的财政支持研究 [J]. 上海商学院学报, 2015 (1).

[48] 李春根, 舒成. 基于路径优化的中国地方政府间事权和支出责任再划分 [J]. 财政研究, 2015 (6).

[49] 李栋林, 关忠良. 财政支持新型城镇化建设绩效评价方法研究 [J]. 东岳论丛, 2015 (3).

[50] 李海飞, 谢颖. 社会保障风险的财政分析与防范 [J]. 财贸研究, 2002 (1).

[51] 李善达. 地方财政收支对居民消费水平冲击动态效应分析——以山东省为例, 基于 VAR 模型和脉冲响应函数分析 [J]. 东方企业文化, 2014 (18).

[52] 李胜会, 熊璨. 地方政府社会保障财政支出效率与满意度研究 [J]. 中国行政管理, 2016 (2).

[53] 李薇，丁建定. 结构整合：构建中国公平型社会救助制度 [J]. 社会保障研究，2014 (5).

[54] 李旭东，张永相. 中国财政收入增长速度的近期预测与分析 [J]. 商场现代化，2008 (9).

[55] 李燕. 中国政府预算改革：从理论到实践的探索创新 [J]. 中央财经大学学报，2008 (1).

[56] 李珍，曹清华. 社会保障转移支付中的结构失衡和区域差异研究 [J]. 宁夏大学学报（人文社会科学版），2007 (29).

[57] 梁帆，于富生. 中外财政支持社会保障情况比较及借鉴 [J]. 生产力研究，2012 (6).

[58] 梁学平. 财政支出视角下中国公共物品供给规模变化的实证分析 [J]. 中央财经大学学报，2013 (7).

[59] 廖为鲲，蔡国梁等. 基于因子分析法的城市经济发展评价 [J]. 统计与决策，2005 (24).

[60] 林闽钢. 中国社会救助体系的整合 [J]. 学海，2010 (4).

[61] 林毓铭. 社会保障财政风险与危机管理战略 [J]. 人口与发展，2009 (6).

[62] 林治芬，孙王军. 政府社会保障财政责任度量与比较 [J]. 财政研究，2012 (2).

[63] 林治芬. 不同统计口径"表达"政府责任不同——政府社会保障财政责任统计国际比较 [J]. 中国社会保障，2012 (3).

[64] 林治芬. 中央与地方社会保障事责划分与财力匹配 [J]. 财政研究，2014 (3).

[65] 刘畅. 中国财政社会保障支出困境及对策建议 [J]. 中央财经大学学报，2009 (9).

[66] 刘大卫. 社会保障条件下的财政变量与政策匹配 [J]. 改革，2013 (5).

[67] 刘杰，鲁文静等. 中国社会救助制度前沿问题——第三届中国社

会救助研讨会暨中欧社会救助政策比较研讨会会议综述 [J]. 社会保障研究，2014 (2).

[68] 刘明慧. 统筹城乡社会救助的财政政策 [J]. 大连海事大学学报(社会科学版)，2008 (4).

[69] 刘宁. 民生财政与社会救助体系建设初探 [J]. 理论界，2007 (6).

[70] 刘诗白. 市场经济与公共产品 [J]. 经济学家，2007 (4).

[71] 刘文韬. 中国财政收入与居民消费关系的 VAR 分析 [J]. 金融经济，2016 (4).

[72] 刘喜堂. 建国 60 年来中国社会救助发展历程与制度变迁 [J]. 华中师范大学学报 (人文社会科学版)，2010 (4).

[73] 刘新，刘伟，胡宝娣. 财政社会保障支出与经济增长：基于扩展 VAR 模型的分析 [J]. 商业研究，2011 (4).

[74] 刘新，刘星. 地方财政社会保障支出对就业的影响效应——基于 1999~2008 年的面板数据经验 [J]. 经济与管理研究，2010 (10).

[75] 刘新凤. 合理划分中国政府间事权与支出责任问题研究 [J]. 云南财经大学学报 (社会科学版)，2011 (1).

[76] 刘馨，王虹. 利用因子分析法评价四川省各城市综合经济实力 [J]. 经济体制改革，2002 (4).

[77] 刘振杰. 走向发展型社会救助的新福利时代 [J]. 行政管理改革，2014 (1).

[78] 龙玉其. 中国社会保障财政支出成效与问题 [J]. 学术论坛，2011 (5).

[79] 鲁全，赵淑惠. 试论财政资金与不同项目社会保障基金的关系 [J]. 贵州财经学院学报，2004 (6).

[80] 马海涛，白彦锋. 适应新常态　促进税收政策协同改革 [J]. 中国财政，2015 (14).

[81] 马海涛，姜爱华. 政府公共服务提供与财政责任 [J]. 财政研究，

2010（7）.

［82］马海涛，任强，程岚．中国中央和地方财力分配的合意性：基于“事权”与“事责”角度的分析［J］．财政研究，2013（4）.

［83］马海涛，任强．中国中央对地方财政转移支付的问题与对策［J］．华中师范大学学报（人文社会科学版），2015（6）.

［84］马海涛，肖鹏．现代预算制度构建思路探讨［J］．公共财政研究，2015（3）.

［85］马海涛．政府间事权与财力、财权划分的研究［J］．理论视野，2009（10）.

［86］毛铖，任晓琳等．社会救助非政府主体参与机制研究——社会救助需要多元化发展［J］．天水行政学院学报，2011（3）.

［87］茂路，刘世恩．加大民生财政支持需处理好几种关系［J］．中国财政，2014（12）.

［88］庞凤喜，潘孝珍．财政分权与地方政府社会保障支出——基于省级面板数据的分析［J］．财贸经济，2012（2）.

［89］亓寿伟，胡洪曙．转移支付、政府偏好与公共产品供给［J］．财政研究，2015（7）.

［90］冉光和，鲁钊阳，徐鲲．基于因子分析的县域政府财政能力比较研究：来自重庆的例证［J］．经济管理，2011（1）.

［91］冉维．关于中国财政社会保障支出的分析［J］．重庆工商大学学报（社会科学版），2007（4）.

［92］邵芬，谢晓如　中国社会救助制度的发展和完善［J］．云南社会科学，2004（1）.

［93］石曦．公共财政与城乡一体化社会救助体系研究［J］．特区经济，2013（6）.

［94］史贞．财政支出结构与经济增长关系的VAR模型分析［J］．云南财经大学学报，2014（3）.

［95］孙远太．政府救助与慈善救助衔接机制构建研究［J］．中国行政

管理，2015（8）.

[96] 唐在富．客观评价中国政府间事权和支出责任划分［J］．中国财政，2009（10）.

[97] 王斐．孤残儿童社会救助中的政府财政责任［J］．社会福利，2010（7）.

[98] 王贺，刘云香．中国社会保障财政支出的影响因素分析——基于省级面板数据的实证研究［J］．汕头大学学报（人文社会科学版），2015（4）.

[99] 王焕清．完善农村社会救助体系的财政思考［J］．财政研究，2005（11）.

[100] 王建聪，许鑫．公共财政视角下中国农村社会救助的完善［J］．财会月刊，2015（11）.

[101] 王珺红，张磊．财政分权、公众偏好与社会保障支出——基于省际面板数据的实证研究［J］．财贸研究，2013（4）.

[102] 王仁发．论发展型贫困及破解之路［J］．重庆社会科学，2005（10）.

[103] 王双进．加快推进新型城镇化建设财政支持的困境与对策［J］．财政研究，2015（2）.

[104] 王文静，王蕾蕾，闫小红．从生存型救助到发展型救助——社会工作视角下失独家庭的救助策略［J］．新疆社会科学，2014（5）.

[105] 王晓东．城乡统筹下中国社会保障财政体制的改革［J］．宏观经济管理，2012（12）.

[106] 王延中，龙玉其．改革开放以来中国政府社会保障支出分析［J］．财贸经济，2011（1）.

[107] 王艳玲．辽宁省社会保障的财政支持［J］．沈阳大学学报（社会科学版），2015（4）.

[108] 王雍君．朝向中期框架的全球预算改革：近期发展与借鉴［J］．中央财经大学学报，2010（7）.

［109］王雍君．中国的财政均等化与转移支付体制改革［J］．中央财经大学学报，2006（9）．

［110］王增文，邓大松．财政分权不充分、竞争策略扭曲与社会救助支出：内在逻辑与中国的实际［J］．社会保障研究，2015（2）．

［111］王增文．中国社会保障财政支出最优规模研究：基于财政的可持续性视角［J］．农业技术经济，2010（1）．

［112］肖鹏，国建业，王雄辉．中国财政科技投入现状分析与调整策略［J］．中央财经大学学报，2004（2）．

［113］肖鹏，李燕．预算透明：环境基础、动力机制与提升路径［J］．财贸经济，2011（1）．

［114］肖鹏．公共服务提供的政府与社会分担机制研究［J］．财政研究，2007（3）．

［115］谢增毅．中国社会救助制度：问题、趋势与立法完善［J］．社会科学，2014（2）．

［116］辛波，吴红．基于VAR模型的土地财政与地方经济增长相关性分析［J］．统计与决策，2012（22）．

［117］徐倩，李放．财政社会保障支出与中国城乡收入差距——理论分析与计量检验［J］．上海经济研究，2012（11）．

［118］许梦博，王泽彩．结构性视角：事权与支出责任的适应性浅析［J］．财政研究，2014（1）．

［119］阎莉．从高龄化视角看日本的社会保障与财政［J］．日本研究，2006（4）．

［120］杨红燕，陈天红．英国财政社会保障支出制度结构与公平性分析［J］．武汉理工大学学报（社会科学版），2013（4）．

［121］易洪海．地方政府财政支农的影响因素研究［J］．求索，2010（1）．

［122］于源．对中国政府间事权和支出责任划分的思考［J］．中国财政，2010（16）．

［123］袁柏乔，袁红．重庆市社会救助财政筹资机制研究［J］．重庆教育学院学报，2009（6）．

［124］张浩淼．中国发展型社会救助制度建设：国际视野下的分析与启示［J］．改革与战略，2013（29）．

［125］张禄．辽宁省完善社会救助财政投入机制的对策研究［J］．理论学习，2012（11）．

［126］张铭洪，侯笛，张福进．基于因子分析的地方财政支出偏离度监督［J］．当代财经，2013（7）．

［127］张智乾．支持推进新型城镇化发展的财政政策建议［J］．中国财政，2013（20）．

［128］赵佳佳．中国文化事业财政支出效率及影响因素［J］．地方财政研究，2014（8）．

［129］赵建国，李佳．财政社会保障支出的非线性经济增长效应研究［J］．财政研究，2012（9）．

［130］赵建国，薛庆天．辽宁省社会保障财政支付能力的影响因素研究［J］．东北财经大学学报，2015（2）．

［131］赵鸣骥．科学划分事权　明确财政支农支出责任［J］．中国财政，2008（21）．

［132］赵蔚蔚，杨庆运．中国社会保障支出和经济增长的关系研究——基于公共财政视角［J］．经济问题，2011（8）．

［133］郑功成．中国社会救助制度的合理定位与改革取向［J］．国家行政学院学报，2015（7）．

［134］郑新业，张莉．社会救助支付水平的决定因素：来自中国的证据［J］．管理世界，2009（2）．

［135］钟玉英．当代国外社会救助改革及其借鉴［J］．中国行政管理，2012（12）．

［136］周沛，陈静．新型社会救助体系研究［J］．南京大学学报（哲学人文社会科学版），2010（4）．

[137] 周沛．社会福利视野下的发展型社会救助体系及社会福利行政[J]. 南京大学学报（哲学·人文科学·社会科学版），2012（6）.

[138] 宗宇翔．财政支农事权和支出责任划分的国际经验及思考[J]. 当代农村财经，2015（9）.

[139] Alcsina, A. and D. Redrik. Distributive Politics and Economic Growth [J]. *Quarterly Journal of Economics*, 1994, Vol. 109, No. 3.

[140] Braithwaite J., Grootaert C., & Milanovic B.. *Poverty and Social Assistance in Transition Countries* [M]. New York St. Martin's Press, 2000,

[141] Gheorghe Matei. Nicolae Tudose. Social Assistance Models in the European Union [J]. *Finance – Challenges of the Future*, 2015, No. 25.

[142] Leibetseder, Bettina. Activation in the Austrian Social Assistance Scheme – Unproductive Pressure and Low Support [J]. *Social Policy & Administration*, 2015, No. 9.

[143] Milanovic B.. Social transfers and social assistance: An empirical analysis Household Survey data [J]. *Policy Research Working Paper*, 2000, No. 7.

[144] Perotti. Income Distribution, Fiscal Policy, and Delayed Stabilizations [J]. *Policy Reform*, 1996, No. 07.

[145] Sala – i – Martin, Xavier X. Regional cohesion : Evidence and theories of regional growth and convergence [J]. *European Economic Review*, 1996, No. 40.

[146] A. Barrientos. *Social Assistance in Developing Countries* [M]. Cambridge: Cambridge University Press, 2013.

后　记

本书是我在博士论文基础上撰写而成的。出版在即，感慨万千。这是我出版的第一本专著，更是我人生宝贵时光的积累，也凝结了我对亲情、友情的感悟。

非常幸运在中央财经大学度过四年的博士生活。十分荣幸能够聆听学校著名专家教授的授课。这段时光成为我一生中最值得留恋的岁月。

首先，感谢我的导师李保仁教授。师从李保仁教授，是自己的幸运。老师思想博大精深、融会贯通，那种高度令我觉得“可望而不可即”。四年学习过程中，导师不辞辛苦、谆谆教导，使我不仅开拓了思路，更是学会了看待事物和分析问题的方法。感谢中央财经大学的安秀梅老师、李燕老师、黄振华老师、冯海旗老师、肖鹏老师所提出的宝贵意见，使得本书不断得以完善。师恩难忘！

感谢在本书写作过程中陪伴我的中央财经大学的舍友们。我们一起学习、一起生活、一起倾诉、一起探讨，留下太多的回忆。不论你们身在何处，我会一直记得你们。

还要感谢我的工作单位——内蒙古财经大学，感谢领导和同事对我的理解和关心。谢谢你们！

感谢父母给予了我健康的身体、培养了我乐观向上的心态和坚韧不拔的性格。感谢家人对我的理解和支持。在此，向所有关心、爱护过我的人表示感谢！

任海霞

2018 年 3 月 5 日